新体力テスト

有意義な活用のために

まえがき

　文部省では，昭和39年以来，体力・運動能力調査を実施して，国民の体力・運動能力の現状を明らかにし，体育・スポーツ活動の指導と，行政上の基礎資料として広く活用しております。

　平成11年度の体力・運動能力調査から導入した「新体力テスト」は，国民の体位の変化，スポーツ医・科学の進歩，高齢化の進展等を踏まえ，これまでのテストを全面的に見直して，現状に合ったものとしました。これは，平成8年度から3年にわたり行った「体力・運動能力調査の在り方に関する調査研究」により取りまとめられたものです。

　本書は，「新体力テスト」の趣旨が正しく理解され，広く実施・活用されるよう，その背景やねらい，特徴などについて，わかりやすさを心がけて解説したものです。

　本書により，「新体力テスト」の理解が深まり，「新体力テスト」が有意義に活用され，ひいては21世紀の社会を生きる人々が心身ともに健康で活力ある社会を営んでいくことを期待いたします。

　なお，本書の作成に当たって，熱心に御協力をいただいた協力者の皆様に対し，厚くお礼申し上げます。

　　平成12年2月

　　　　　　　　　　　　　　　　　　　　　　　　　　　文部省体育局長
　　　　　　　　　　　　　　　　　　　　　　　　　　　　遠　藤　昭　雄

はじめに

　明るく豊かで活力に満ちた生きがいのある社会の形成には，そこに生きる個人個人の「こころ」と「からだ」の健康・体力の保持増進が重要と考えられます。

　近年における自由時間の増大，少子化や高齢化の進展など，社会環境の変貌は人々の生活様式に急激な変化をもたらしております。また，都市化や生活の利便化等による生活環境の変化は，身体的活動の機会を極度に減少させるとともに，精神的ストレスを増大させるなど，人々の健康・体力の現状は，かならずしも望ましいものとは言えない状況にあります。

　我が国では，個人個人の健康・体力の保持増進と体育・スポーツ活動の普及・振興に資するために，昭和39年以来「体力・運動能力調査」が実施されております。しかし，調査の開始から30年余が経過し，国民の体位の変化，スポーツ医・科学の進歩，高齢化の進展等に伴い，現行のテスト項目の見直しや新しい体力テストの在り方に関する検討が必要となって参りました。

　文部省体育局では，平成8年7月に「体力・運動能力調査の在り方に関する調査研究協力者会議」を設置し，検討が進められてきました。

　協力者会議が取りまとめた「新体力テスト」は，国民一人一人が自分自身の健康・体力を把握することにより，それぞれのライフステージにおいて，スポーツ活動などを通して，体力の向上と健康の保持増進に積極的に取り組むこと，および児童期から高齢期に至る国民の体力の現状を明らかにし，今後の体育・スポーツ振興施策の貴重な基礎資料となることが期待されております。

　本書は，「新体力テスト」が正確に実施され，その結果が正しく活用されるために，各テスト項目について詳しく解説するとともに，このテストの「ねらいと特徴，各年齢区分の健康と体力の特徴および現状，実施の計画，結果の処理・活用」などについて，関係の委員が専門的立場から記述しております。

　本書が，広く関係各方面において活用されますことを願っております。

　終わりに，本書の作成にあたり，御協力いただいた「新体力テスト解説書作成協力者」の諸先生方に，衷心より感謝申し上げます。

平成12年2月

体力・運動能力調査の在り方に
関する調査研究協力者会議座長

鈴　木　祐　一

「新体力テスト～有意義な活用のために～」作成協力者（五十音順）

（職名は平成11年11月1日現在）

青木 純一郎	順天堂大学スポーツ健康科学部教授
加賀谷 淳子	日本女子体育大学体育学部教授
河野 一郎	筑波大学体育科学系教授
小林 寛道	東京大学大学院総合文化研究科教授
坂本 静男	順天堂大学医学部講師
鈴木 祐一	前東京女子体育大学長
出村 慎一	金沢大学教育学部教授
西嶋 尚彦	筑波大学体育科学系講師
西村 英俊	順天堂大学スポーツ健康科学部助教授
山口 泰雄	神戸大学発達科学部教授

なお，文部省においては，次の者が本書の編集に当たった。

森 壮一	体育局生涯スポーツ課長
坂元 譲次	体育局生涯スポーツ課スポーツ指導専門官
前田 千尋	体育局生涯スポーツ課課長補佐
坂本 恭一	体育局生涯スポーツ課課長補佐
早瀬 健介	体育局生涯スポーツ課専門職員
長登 健	体育局生涯スポーツ課調査係長
新井 忠	体育局競技スポーツ課専門職員

目　次

序　章　21世紀に向けた健康と体力 ……………………………………………………001
 1　小学生の健康と体力　*001*
 2　青少年の健康と体力　*002*
 3　成人の健康と体力　*003*
 4　高齢者の健康と体力　*003*

第1章　「新体力テスト」とは ……………………………………………………………005
 1　作成までの経緯　*005*
 2　「新体力テスト」のねらいと特徴　*006*
 3　「新体力テスト」の構成と評価　*011*

第2章　「新体力テスト」のテスト項目 …………………………………………………014
 1　握　力　*014*
 2　上体起こし　*015*
 3　長座体前屈　*016*
 4　反復横とび　*019*
 5　20mシャトルラン（往復持久走）　*019*
 6　持久走・急歩　*021*
 7　立ち幅とび　*021*
 8　ソフトボール投げ・ハンドボール投げ　*022*
 9　開眼片足立ち　*022*
 10　10m障害物歩行　*023*
 11　6分間歩行　*023*
 12　ADL（日常生活活動テスト）　*024*

第3章　「新体力テスト」の評価システム ………………………………………………026
 1　「新体力テスト」の評価システムの特徴　*026*
 2　調査票のアンケート項目の特徴　*027*

第4章　「新体力テスト」の実施計画と運営 ……………………………………………028
 1　実施計画から運営まで　*028*
 2　安全な実施のために　*031*

第5章　統計的処理について ……………………………………………………………034
 1　度数分布表とヒストグラム　*034*
 2　代表値と散布度　*035*
 3　母集団と標本　*035*
 4　不偏分散　*036*
 5　正規分布　*036*
 6　平均値の比較　*036*

　　　　7　データの標準化　038

第6章　「新体力テスト」の結果の活用　　　　　　　　　　　　039
　　　　1　「新体力テスト」の結果の得点化　039
　　　　2　評価に用いる値　040
　　　　3　評価の観点　042
　　　　4　体力診断　044
　　　　5　運動処方　047

第7章　諸外国の体力テスト　　　　　　　　　　　　　　　　051
　　　　1　北米における体力テスト　051
　　　　2　ヨーロッパにおける体力テスト　053
　　　　3　アジアにおける体力テスト　054

資　料　「新体力テスト実施要項」および Q&A

1．6歳〜11歳対象　　　　　　　　　　　　　　　　　　057
▶握力／上体起こし／長座体前屈／反復横とび／20m シャトルラン（往復持久走）／50m 走／立ち幅とび／ソフトボール投げ
▶テストの得点表および総合評価／実施上の一般的注意／記録用紙
▶新体力テスト Q&A

2．12歳〜19歳対象　　　　　　　　　　　　　　　　　077
▶握力／上体起こし／長座体前屈／反復横とび／持久走（男子1500m，女子1000m）／20m シャトルラン（往復持久走）／50m 走／立ち幅とび／ハンドボール投げ
▶テストの得点表および総合評価／実施上の一般的注意／記録用紙
▶新体力テスト Q&A

3．20歳〜64歳対象　　　　　　　　　　　　　　　　　097
▶握力／上体起こし／長座体前屈／反復横とび／急歩（男子1500m，女子1000m）／20m シャトルラン（往復持久走）／立ち幅とび
▶テストの得点表および総合評価／実施上の一般的注意／健康状態のチェック／記録用紙
▶新体力テスト Q&A

4．65歳〜79歳対象　　　　　　　　　　　　　　　　　117
▶ADL（日常生活活動テスト）／握力／上体起こし／長座体前屈／開眼片足立ち／10m 障害物歩行／6 分間歩行
▶テストの得点表および総合評価／実施上の一般的注意／健康状態のチェック／記録用紙
▶新体力テスト Q&A

序章

21世紀に向けた健康と体力

　我が国は，平均寿命の伸長とともに少子化傾向が急速に進行し，「高齢社会」に移行しています。社会の様々な分野において，技術の高度化，情報化等の進展が著しく，これらは国民に恩恵をもたらしている反面，人間関係の希薄化，精神的なストレスの増大や運動不足，新たな職業病の増加など，心身両面にわたり健康上の問題を生みだしています。

　学校においては，児童生徒の体位は向上しているものの，体力・運動能力については逆に低下する傾向が指摘されています。

　これらの国民の健康や体力をめぐる様々な問題点は，価値観の多様化や文化，経済，科学技術の発展などに伴う社会の変化によって生じたものです。しかし，21世紀には国民一人一人が，これらの心身の健康・体力についての問題を意識し，生涯にわたって主体的に健康の保持増進を図っていくことが不可欠な時代となります。世界保健機関（WHO）のオタワ憲章（1986年）において，「ヘルスプロモーション」の考え方が提言され，急速に変化する社会の中で，国民一人一人が自らの健康問題を主体的に解決していく必要性が指摘されています。

　生涯にわたり心身の健康を保持増進していくためには，健康や体力に関する正しい知識・理解をもつとともに，健康にとって必要なことを実践していくことを習慣付けることが大切です。

　21世紀に向けて，科学技術の発展や生活の利便化によって，日常生活における身体活動がますます減少していくことを考えると，個人が主体的にスポーツに取り組むことが極めて重要になります。このためには，国民一人一人が日常生活の中にスポーツを豊かに取り入れることのできる生涯スポーツ社会を実現していくことが重要です。とりわけ，生涯にわたり主体的にスポーツに親しんでいくためには，児童生徒の時期に，健康や体力を保持増進していくための基礎的な能力や態度を培い，健康的な生活習慣やスポーツ習慣を身に付け，その後の各ライフステージにおいて，これを基礎として，各人の興味・関心に基づき，継続してスポーツに親しんでいくことがますます重要になってきます。

　こうした生涯スポーツの立場から，自らの健康・体力の現状や加齢に伴う推移を知るうえで，体力テストは極めて重要な意義をもっています。

1　小学生の健康と体力

　小学校低学年においては，走る，跳ぶ，投げる，捕るなどという基本的な運動を学習・経験するという発達課題があり，大脳の発達も活発な時期です。体力面でも向上がみられ，学校や

地域において，スポーツ活動との関わりが始まります。

　小学校高学年においては，調整力（目的とする動作を正確・円滑に効率よく行える能力）の発達が顕著となり，筋パワー（瞬発力）の発揮能力はいまだ小さいものの，適切な負荷での持久的な運動・スポーツが可能になってきます。また，二次性徴の発達が始まり，基本的な生活習慣が確立するのもこの時期です。

　このような特徴をもつ小学生期には，生涯にわたって運動・スポーツを豊かに実践していくことの基礎を培う観点を重視し，児童の発達的特性を考慮した運動に仲間と豊かに関わりながら取り組むことによって，各種の運動に親しみ，運動を好きになるようにすることが大切です。

　平成10年12月告示の小学校学習指導要領・体育では，「心と体を一体としてとらえ，適切な運動の経験と健康・安全についての理解を通して，運動に親しむ資質や能力を育てるとともに，健康の保持増進と体力の向上を図り，楽しく明るい生活を営む態度を育てる」ことを教科の目標として掲げ，児童の体力の向上を図る内容については，主として体の柔らかさや巧みな動きを高めることに重点がおかれています。

2　青少年の健康と体力

　中学・高校生期は心身の発達の最も顕著な時期であり，子どもから大人への過渡期でもあります。身長の伸びは，女子では小学校高学年，男子では中学生期にピークをむかえますが，その後も発育を続け，高校生期にかけてほぼ成人の身長水準に達します。

　身長の発育が盛んな時期には，成長ホルモンの分泌も盛んとなり，身体諸器官の発達を促します。また，二次性徴や性成熟にかかわる性ホルモンの分泌の増加も心身の発達に大きな影響を及ぼします。

　身長の急伸期には，骨の長育が盛んとなるので，一時的にやや細身の体型となりますが，やがて筋肉の発達が伴うことでしっかりとした体つきとなります。骨が急速に成長する時には，関節を介した骨格筋が引き伸ばされたかたちになるので，身体の柔軟性が低下することがあります。

　また，この時期は，体力・運動能力が最もよく発達し，運動実施の効果も大きくなります。特に中学生期は，男女とも呼吸循環機能の指標とされる最大酸素摂取量の増加が顕著となりますが，これには，運動実施の影響が強く反映します。中学生期では，姿勢保持や持久的運動で主働的な役割を果たす遅筋線維の発達に加え，強い瞬発的なパワー発揮にかかわる速筋線維の発達も顕著になり，素早く力強い動きをする能力が高まります。男子では高校生期にかけて，筋力・筋パワー（瞬発力）の発揮能力は高まりますが，女子では一般に高校生期後半で，筋パワー（瞬発力）の発達速度に減速傾向がみられるようになります。

　この時期は，いろいろなスポーツを経験することによって，スポーツの意義や特性などに関する理解を深め，スポーツを楽しむ習慣を形成することが期待されます。

　平成10年12月告示の中学校学習指導要領・保健体育および平成11年3月告示の高等学校学習指導要領・保健体育では，心と体を一体としてとらえ，生涯にわたって積極的に「運動に親しむ資質や能力の育成」，「健康の保持増進のための実践力の育成」，「体力の向上」の3つの具体的な目標が密接に関係していることを教科の目標として掲げ，生徒の発達段階に応じて，運動

を一層選択して履修できるようにすることや体力向上を図る内容が重点化されています。

また，自分の体に気付き，体の調子を整えるなどをねらいとした新たな内容である「体ほぐしの運動」は，各運動領域にかかわるものとしてとらえられています。

3　成人の健康と体力

20歳～25歳にかけての時期は，筋力や持久力，筋パワー（瞬発力）などの身体機能が最高に充実し，運動・スポーツの技能の進歩が著しい時期です。生涯にわたる健康的なライフスタイルの定着を一層確実にしていく時期でもあります。

25歳～30歳代にかけては，加齢に伴い，身体面では体力や運動能力が緩やかに低下し始めますが，社会人または家庭人として新たなライフステージを迎える時期であり，職場や新たな生活を通して，人間的なバランスのとれた発達が期待される時期でもあります。

この時期においては，自由時間を有効に活用し，主体的に運動・スポーツ活動を実践していくことが求められます。そのためには，健康的なライフスタイルの基礎となる運動・スポーツや栄養，休養などについて，よく理解するとともに，地域や職場，あるいは民間のスポーツクラブに所属するなど，スポーツ・レクリエーション活動を通して仲間や友人との交流がもてる機会づくりが大切です。

中年期においては，40歳頃から視力が低下したり，体脂肪率も徐々に高くなる傾向がみられるとともに，女性にあっては，特に骨量の急速な減少が進み始めるなど，加齢による生理的変化が顕著になります。体力レベルの低下も著しく，息切れや柔軟性の低下といった自覚症状も現れるようになります。

この時期は，健康との関わりからも規則的な運動・スポーツの実施が必要とされますが，スポーツ活動に親しんでいる人も一部に見受けられるものの，多くが消極的な余暇活動が中心で，運動不足型のライフスタイルとなっています。したがって，運動不足の解消はもとより，積極的なリラクセーションを図るうえからも，自由時間を有効に活用し，個人に応じた運動・スポーツの規則的な実施が求められます。

4　高齢者の健康と体力

60歳代ではまだ運動・スポーツに対する適応能力があります。十分にトレーニングされていない人にとっては，65歳以上の人についても定期的なトレーニングによって筋の肥大や活動・運動能力の改善がみられることが報告されています。

しかし，ライフスタイルの違いにより個人差がより一層拡大し，一般的には加齢に伴う身体的な老化現象が顕著になるとともに，体力・運動能力が低下し，疲労回復に時間がかかったり，体温調節機能も弱くなってきます。

体力的には，握力の低下は比較的緩やかであっても，動的な筋力発揮能力の低下は顕著であり，筋パワー（瞬発力）を必要とする運動は不得意になります。

持久力の基盤となる呼吸循環機能も加齢に伴う低下の傾向を強めますが，日常的に持久的運動を行っている人では，ゆっくりと時間をかけた方法で運動することによって，長い距離を走

ったり，歩いたりすることも可能です。

　高齢者では，歩くこと，つまずかないこと，姿勢のバランスを調整できることなどが筋力や柔軟性といった体力要素とともに大切であり，運動を行ううえで重要なポイントとなります。

　高齢者が運動習慣をもつことの第一の意義は，老化による身体機能の低下を遅延させることにあります。しかし，日常生活を不自由なく送ることのできる自立自助能力を備えていればよいということにとどまらず，高齢になっても社会との関わりをもって活動的に生活していけるだけの健康・体力の保持を目的として，運動を行っていくことが望ましいといえます。

　平均寿命は著しく伸びてきていますが，健康に対する不安や一人暮らしなどによる孤独感から情緒不安定になりやすく，心身の異常を訴える人が多くなっています。

　この時期においては，家族や社会からの暖かい支援が望まれますが，自ら健康つくりを心がけ，主体的に行動する自立したライフスタイルが求められます。このためにも，日常生活において，軽度の身体的な活動の機会をできるだけ増やすことが必要であり，歩行などの負荷の軽いものを疲労が残らない程度に積極的に行うことが望まれます。

　また，仲間や世代を越えた人々との交流をもつことが求められており，地域におけるスポーツ・レクリエーション活動の場に参加したり，ボランティア活動や趣味のサークルに進んで出かけていく機会をもつことが大切です。

第1章

「新体力テスト」とは

1　作成までの経緯

　昭和36年に制定されたスポーツ振興法において，地方公共団体はひろく住民が自主的かつ積極的に参加できるような運動能力テストを実施するよう努める必要があることが明示されました。これを受けて，昭和36年9月，文部大臣は正しいスポーツの発展と国民体力の向上をねらいとするスポーツテストの内容と方法を保健体育審議会に諮問しました。同審議会では，その内容と方法について審議，研究を進め，昭和38年3月に「スポーツテスト」として答申しました。

　文部省では，国民の体力の現状を把握するために，「スポーツテスト」を用いて，昭和39年から体力・運動能力調査を開始しました。昭和40年には，スポーツテストに若干の修正を加えた「小学校スポーツテスト」，昭和42年に，30歳から59歳を対象に日常生活の基本となる体力水準を知り，自分に適した運動の選択に役立つことをねらいとする「壮年体力テスト」，昭和58年には基礎的な運動能力を評価し，自ら進んでいろいろな運動に親しむことをねらいとする「小学校低・中学年運動能力テスト」が加わり，その結果は，体育・スポーツ活動の指導や行政上の資料等として広く活用されています（表1－1）。

　しかし，体力・運動能力調査は，開始から30年以上が経過し，国民の体位の変化，スポーツ医・科学の進歩，高齢化の進展等に伴い，これまでのテスト項目の見直しや新しい体力テストの在り方に関する検討が必要となってきました。

　そこで，平成8年度から3年間の予定で，学識経験者等による協力者会議を設置し，体力・運動能力調査のテスト項目，実施方法および今後の在り方についての調査研究を開始しました。

　協力者会議では平成8年度，まず体力・運動能力調査の見直しの基本的検討事項についての協議を行いました。そして，この協議に基づき健康関連体力および基礎的運動能力測定の重視，高齢社会に対応するための対象年齢の拡大および年齢区分の見直し，国民の体力を経年的に追跡するための各年齢層共通のテスト項目の設定，テスト項目の精選と継続性などの観点で具体的検討を行い，新しいテスト（試案）を作成しました。

　平成9年度には，体力・運動能力調査の実施対象の中から数箇所抽出して，このテスト（試案）による試行を実施しました。その結果に基づき，協力者会議では，テスト項目の選定およびその実施方法や評価などの具体的な内容についての検討を行い，「新体力テスト（仮称）」として取りまとめました。

表1-1　従来のテストの内容

名称	小学校低・中学年運動能力テスト	小学校スポーツテスト	スポーツテスト	壮年体力テスト
開始年度	昭和58年度	昭和40年度	昭和39年度	昭和42年度
対象	6～9歳	10・11歳	12～29歳	30～59歳
テスト項目と評価	○ 50m走 ○ 立ち幅とび ○ ソフトボール投げ ○ とび越しくぐり ○ 持ち運び走 5種目を、種目ごとに1級～10級に判定	運動能力テスト ○ 50m走 ○ 走り幅とび ○ ソフトボール投げ ○ 斜懸垂腕屈伸 ○ ジグザグドリブル ○ 連続さか上がり 1種目20点 （ジグザグドリブル、連続さか上がりは10点） 総合得点（100点満点）より1級～5級に判定 体力診断テスト ○ 反復横とび ○ 垂直とび ○ 背筋力 ○ 握力 ○ 伏臥上体そらし ○ 立位体前屈 ○ 踏み台昇降運動	○ 50m走 ○ 走り幅とび ○ ハンドボール投げ ○ 懸垂腕屈伸（斜懸垂） ○ 持久走（1500, 1000m） 1種目20点 総合得点（100点満点）より1級～5級に判定 1種目5点（7種目計35点満点） 総合判定は総得点の年齢別によりA～Eの5段階評価	○ 反復横とび ○ 垂直とび ○ 握力 ○ ジグザグドリブル ○ 急歩（1500, 1000m） 1種目20点（5種目計100点満点） 総得点により体力年齢を判定

　文部省では、体力・運動能力調査を依頼する全国都道府県教育委員会、大学、短期大学、高等専門学校の担当者を対象に、「新体力テスト（仮称）」についての説明会を実施し、平成10年度の体力・運動能力調査を、従来のテストを「新体力テスト（仮称）」に置き換えて、全国試行調査として実施しました。

　そして、試行調査を依頼した全国都道府県、大学、短期大学、高等専門学校からの実施上の意見や集計データを、協力者会議で検討・分析し、よりわかりやすく、またより安全にテストを行う観点から実施方法や評価等について修正を加え、名称も「新体力テスト」として決定しました。また、併せてテスト内容の補足説明として「Q&A」も作成しました。

　なお、平成11年度から「新体力テスト」を用いて、体力・運動能力調査を実施しています。

2　「新体力テスト」のねらいと特徴

　「新体力テスト」作成に当たっての大きなねらいは、テスト項目の検討と項目数の精選でした。

　まず、所要時間の短縮化という観点から、より実施しやすいテストとするために測定方法の簡易化やテスト項目数の精選が必要でした。

　次に、持久走や急歩、走り幅とびなど、屋外で実施するテスト項目は、その実施が天候によ

って左右されたり，測定場所を確保することが困難な場合もあります。したがって，天候の影響を受けず，場所の確保が容易なテスト項目の選択が，「新体力テスト」を広く活用するために必須の条件でした。

　さらに，現代社会における体力の意義は，競技スポーツの基盤としての運動能力に加えて健康の基盤としての重要性が強調されるようになり，テスト項目の選択にはこの点にも配慮が必要でした。

　そして，高齢化の進展に伴い，児童期から高齢期における国民の体力の現状を明らかにするとともに，その推移を把握できるものでなければなりません。

　また，30年以上にわたり蓄積されてきたこれまでのデータは，国民の財産であり，これらを時系列で比較，活用できるようにすることも重要な条件です。このような相反する制約を条件としながら誕生した「新体力テスト」の特徴は，次のようにまとめられます。

(1) **データの継続性を重視する**

　新しいテスト項目として採用したものは，全身持久力の選択項目としての20mシャトルラン（往復持久走）と新たに工夫考案した長座体前屈の2項目です。除外した項目もありますが，最終的には，握力，50m走，ソフト・ハンドボール投げ，持久走，反復横とび，急歩などの記録の年次変化を継続して比較することが可能です。

(2) **広い年齢層にわたって同一のテスト項目を選定する**

　従来のテストでは対象層が6歳～9歳，10・11歳，12歳～29歳，30歳～59歳の4つに区分され，それぞれに特有なテスト項目および方法が工夫されていました。そのため，全対象に共通するテスト項目がありませんでした。国民の加齢に伴う体力・運動能力の発達や老化を経年的に追跡するためには，小学生から高齢者までを対象に，同一方法で実施される項目数が多いことが望まれます。

　そこで，「新体力テスト」では6歳～79歳の全年齢層に，握力，上体起こしおよび長座体前屈を選定し，ひとつの対象年齢区分だけに特有なテスト項目をできる限り除外しました。

(3) **同一テスト項目は年齢や性別が異なっても同一方法で行う**

　同一テスト項目については，広範囲にわたる年齢層に，できる限り同じ方法で行えることが望まれます。例えば，従来年齢によってステップ間隔が異なっていた反復横とびについては，全年齢とも100cmに統一しました。

(4) **屋内で対応できるテスト項目とする**

　従来，対象年齢によって，立ち幅とびと走り幅とびが使い分けられていましたが，どちらも筋パワー（瞬発力）の測定項目であるという理由から，屋内で対応できる立ち幅とびに統一しました。

(5) **特殊な器具を必要としないテスト項目とする**

　垂直とびの測定には，模造紙，チョークの粉およびものさしがあれば可能であったように，「新体力テスト」においても，できる限り安価で，特殊な器具を必要としないテスト項目を選択しました。例えば，長座体前屈は市販のコピー用紙の収納箱の利用での測定を可能にしました。

(6) **信頼性，妥当性が高いテスト項目とする**

　テスト項目は，信頼性や妥当性，そして安全性が高いことが必須条件です。一方，テストを

実施する側からすると，測定姿勢や動作が規定しやすいものが望まれます。

　これまで，主に測定実施上の立場からあるいは学問的見地から再考が指摘されてきたテスト項目で，「新体力テスト」から除外した項目は次のとおりです。

　① 踏み台昇降運動

　　踏み台昇降運動の原型であるハーバードステップテストの結果が持久的競技種目の選手の持久力と高い関連のあることはよく知られています。しかし，発育期にある児童生徒に対する踏み台昇降運動の結果は，特に年齢別に比較すると，運動能力テストの持久走の結果と相反する結果を示しています。また，本調査を開始した昭和39年当時と比較すると，児童生徒の身長（特に，下肢長）が大きく伸び，踏み台の高さが相対的に低くなっていて，経年的にデータを比較することに疑問が投げかけられています。

　　生理学的には，加齢に伴い運動に対する心拍応答が異なり，一定運動に対する心拍応答から広範囲にわたる年齢層の持久性を評価することには無理があります。

　　所要時間の長さ，脈拍を数える際の誤差なども勘案して，踏み台昇降運動を除外することになりました。

　② 背筋力

　　背筋力計による測定は必ずしも背筋力だけを測っていないこと，および測定時の姿勢や動作を誤ると傷害を発生する危険性があると指摘されていることなどから除外することになりました。

　③ 伏臥上体そらし

　　柔軟性のテスト項目として採用されていましたが，測定値が背筋力に左右されるところが大きく，また測定時に腰を痛める危険性があることなどから除外することになりました。

　④ 斜め懸垂腕屈伸

　　「小学校スポーツテスト」の男女，および「スポーツテスト」での女子を対象に，腕と肩の筋持久力を測定することを目的に行われていましたが，測定時の姿勢を正しくとることが難しく，誤差が非常に大きいことなどから除外することになりました。

　⑤ 立位体前屈

　　柔軟性のテスト項目は，広い年齢範囲を対象として，同一方法での実施しやすさを備えています。しかし，立位の場合，測定時の足場が床面より高いため，高齢者の場合，転倒事故を発生しやすいこと，反動をつけて実施した場合，腰痛の引き金になりやすいことなどが指摘されていることから，諸外国でも一般に実施されている長座体前屈に置き換えることになりました。

　このほか，方法上の問題点，場所の設定の困難さ，テスト項目の妥当性・信頼性などの観点から，垂直とび，ジグザグドリブル，とび越しくぐり，持ち運び走，懸垂腕屈伸等も除外することになりました。

(7) 意欲的に取り組めるテスト項目の開発を行う

　動機づけが強く関与する距離あるいは時間を規定した持久力テストには，年々取り組みが消極的になる傾向が強くなっています。そこで，国民が意欲的に取り組め，しかも安全性の高い全身持久力テストとして，最近，カナダやヨーロッパ等で行われている20mシャトルラン（往

復持久走)(第2章参照)を持久走あるいは急歩との選択項目として採用すると同時に，6歳〜11歳対象のテストに組み入れました。

同じような観点から，長座体前屈についても工夫を加え，従来の方法とは異なる測定方法を考案し，6歳〜79歳までの共通のテスト項目としました（第2章参照）。

(8) 健康に関連した体力にも配慮する

体力の意義は，時代・ライフステージ・環境や心身の状況によって捉え方が変わってきます。狩猟や農耕のための体力，競技力向上の基盤としての体力など，いろいろな観点から体力という概念はとらえられています。

しかし，いずれにしてもこれまでの体力測定では，スピード，筋パワー（瞬発力），敏捷性などの身体的要素の中の行動体力の水準が高ければ高いほど，体力的に優れているという評価が得られてきました。すなわち，体力とは運動能力と同義に考えられてきたわけです。

一方，日常生活が利便化されるに伴い身体活動の必要性が減少し，その結果が招いた体力水準の低下が誘因となるいわゆる運動不足症あるいは生活習慣病が問題となる現代社会においては，一般人の健康を支える基盤としての体力，すなわち健康関連体力のもつ意味が重要となってきました（図1－1）。

最近，生活習慣病の多くは，危険行動に起因する子どもの頃から始まる慢性疾患の進行の結果であることが明白となり，子どもの頃から適切な健康習慣の確立の重要性が強調されるようになってきました。

そこで，運動習慣によってそのレベルが左右され，レベルが下がることによって病気の引き金となる体力要素の測定と評価という視点から，「新体力テスト」では，全年齢を通して，上体起こし（筋力・筋持久力）と長座体前屈（柔軟性）を，また高齢者を除いたすべての年齢層に持久走・急歩・20mシャトルラン（全身持久力）を採用しました。

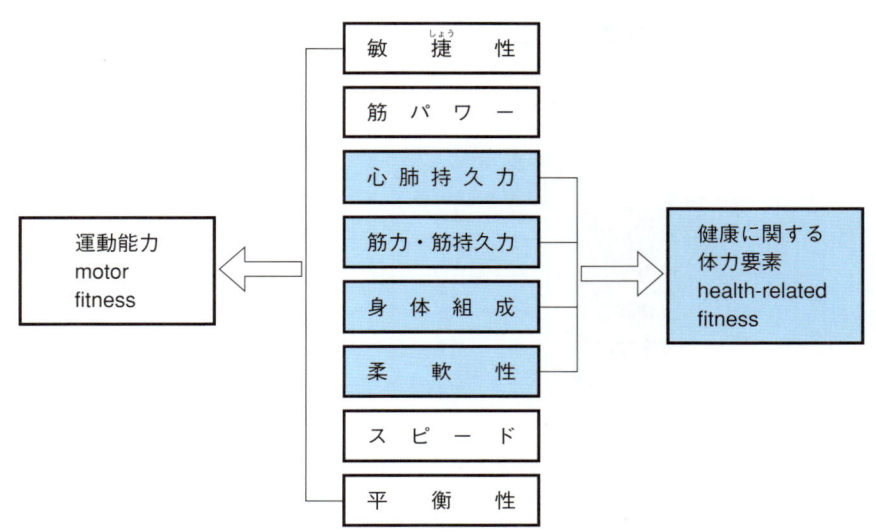

図1－1　運動能力と健康に関する体力要素（Pate, 1983）

(9) 体力と運動能力を特に区別しない

体力は身体的要素と精神的要素から構成され，両者とも行動体力と防衛体力とからなっています。このうち，現在，体力テストとして測定されているのは，運動能力ともいわれる身体的要素の行動体力だけです（図1－2）。したがって，「新体力テスト」ではあえて運動能力という

言葉は使わず，評価と活用に当たって考慮することとしました。

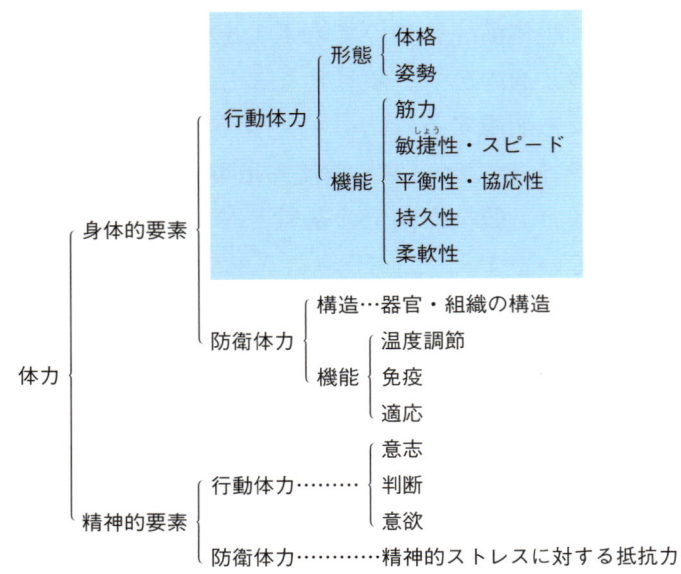

図1-2　体力の分類（猪飼，1969）

　すなわち，「新体力テスト」を構成するテスト項目は，運動能力を構成する基本的な体力要素であるスピード，全身持久力，筋パワー（瞬発力），巧緻性，筋力，筋持久力，柔軟性および敏捷性に対応しており（図1-3），そのうち，心肺持久力，筋力・筋持久力および柔軟性は健康に関連した体力となります。また，走，跳，投能力は，基礎的運動能力と考えられます。したがって，「新体力テスト」は，スポーツ選手の体力テストとしても，一般人の体力テストとしてもその評価と活用の可能性を内包しているといえます。

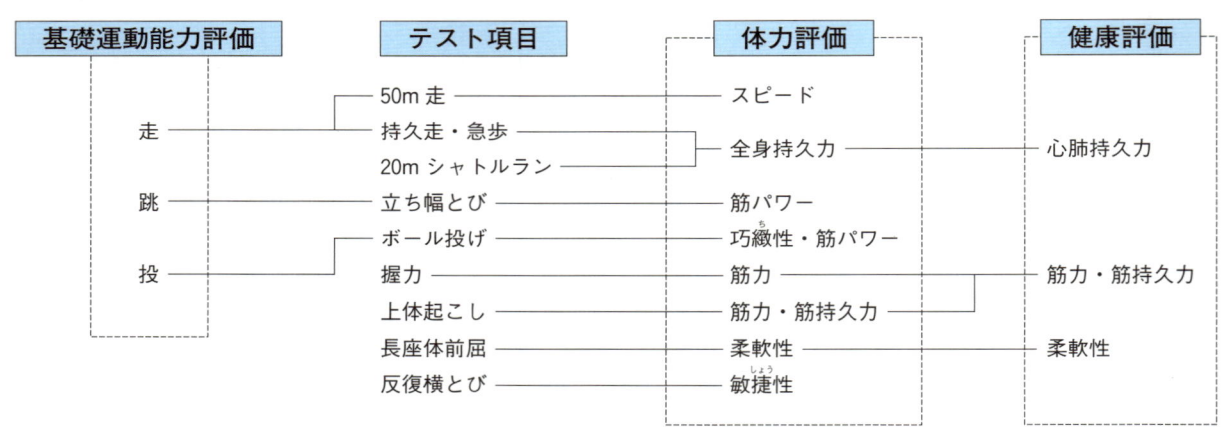

図1-3　「新体力テスト」で測定評価される体力要素

⑽　高齢者の体力テストを考える

　60歳以上の高齢者の体力を的確かつ安全で容易に把握することができる体力テストの開発を趣旨とする「高齢者の体力テスト開発に関する調査研究の実施について」（平成6年8月，体育局長裁定）によって，開発提案された原案を引き継ぎ，新しいテストに組み入れることとしました。

　高齢者の体力テストの開発には2つの目的があります。ひとつは高齢化がますます進展する

中で，高齢者が体力を保持増進し，健康で生きがいのある豊かな日常生活を送るための基本となる体力の状況を把握し，それに基づいて自分に適した運動を適切に行う必要があること，もうひとつは高齢者の体力の実状に応じたスポーツ振興策を講じるための基礎資料を得ることです。

高齢者の体力テストが備える条件の中で，最も重要な点は安全性です。そのため，20歳以上の対象者に適用する質問紙による「健康状態のチェック」に加えて，同じく質問紙を用いたADL（日常生活活動テスト）を実施し，その結果に基づいて，そのほかのテスト項目を実施するかどうかを判定することとしました。

【参考文献】
▶ 猪飼道夫『運動生理学入門』杏林書院，1969
▶ Pate, R.R. "A new definition of youth fitness" *The Physician and Sports Medicine* 11(4)：77-83, 1983

3 「新体力テスト」の構成と評価

「新体力テスト」では対象年齢を，6歳〜11歳（小学生），12歳〜19歳（青少年），20歳〜64歳（成人）および65歳〜79歳（高齢者）に区分し，6歳から64歳までは運動能力および健康関連体力を，また65歳以上については健康関連体力に加えて歩行能力に重点をおいた体力を測定することにしました。

そして，これらの年齢層に共通して実施するテスト項目として，前述のとおり，「握力」，「上体起こし」，「長座体前屈」を選定しました。

従来のテストと「新体力テスト」の対象年齢層およびテスト項目を表1-2に対比しました。各年齢対象別にみた「新体力テスト」の内容は次のとおりです。

(1) 6歳〜11歳対象テストの内容

小学校低・中学年運動能力テストの「とび越しくぐり」と「持ち運び走」は，テスト項目のねらいとその妥当性が必ずしも明確ではないので除外し，テストの構成は高学年と同一にしました。ただし，高学年では広範囲の年齢において同一方法で行う観点から，その後の青少年および成人と同様に，「走り幅とび」は「立ち幅とび」としました。

さらに，「立位体前屈」を「長座体前屈」に，また「踏み台昇降運動」にかえて「20mシャトルラン（往復持久走）」を採用し，「斜め懸垂腕屈伸」，「ジグザグドリブル」，「連続さか上がり」，「垂直とび」，「背筋力」および「伏臥上体そらし」を除外しました。

高齢者を除いたすべての年齢層に採用した「20mシャトルラン（往復持久走）」は，テストを受ける人が意欲的に取り組め，しかも安全な全身持久力テストの選定という観点から採用しました。

(2) 12歳〜19歳対象テストの内容

青少年層を対象とするテスト内容は，基本的には小学生の場合と同様です。変更点は，「反復横とび」のステップ間隔をすべて100cmに統一したこと，および「20mシャトルラン（往復持久走）」を「持久走（男子1500m，女子1000m）」との選択にしたことです。

同一方法という観点からは，「ソフトボール投げ」と「ハンドボール投げ」を統一したいと

ころですが，ボールの掌握や投球時の肩への負担を考えると小学生の「ハンドボール投げ」には無理があり，青少年では「ソフトボール投げ」の距離を測定する場所の確保が困難であることなどの理由から，6歳〜11歳では「ソフトボール投げ」，12歳〜19歳では「ハンドボール投げ」としました。

(3) 20歳〜64歳対象テストの内容

青少年層のテストに比べると，20歳代からは，「50m走」と「ハンドボール投げ」が，また壮年体力テスト対象層からは，「垂直とび」，「ジグザグドリブル」が除外されました。そして，

表1－2　テスト項目比較表

従来のテスト		新体力テスト	
対象年齢	項目	対象年齢	項目
6〜9歳	50m走 立ち幅とび ソフトボール投げ とび越しくぐり＊ 持ち運び走＊	6〜11歳	（全年齢共通） 握力 上体起こし◎ 長座体前屈◎ 反復横とび◎ 20mシャトルラン（往復持久走）◎ 50m走 立ち幅とび ソフトボール投げ
10〜29歳	50m走 走り幅とび＊ ハンドボール投げ （10・11歳はソフトボール投げ） （斜）懸垂腕屈伸＊ ジグザグドリブル（10・11歳）＊ 連続さか上がり（10・11歳）＊ 持久走（1500,1000m）（12歳以上） 反復横とび 垂直とび＊ 背筋力＊ 握力 伏臥上体そらし＊ 立位体前屈＊ 踏み台昇降運動＊	12〜19歳	反復横とび 持久走（1500,1000m） （20mシャトルラン◎との選択） 50m走 立ち幅とび◎ ハンドボール投げ
30〜59歳	反復横とび 垂直とび＊ 握力 ジグザグドリブル＊ 急歩（1500,1000m）	20〜64歳	反復横とび 急歩（1500,1000m） （20mシャトルラン◎との選択） 立ち幅とび◎
		65〜79歳	ADL◎ 開眼片足立ち◎ 10m障害物歩行◎ 6分間歩行◎

◎は新項目，＊は削除項目

「持久走」または「急歩」にかえて「20mシャトルラン（往復持久走）」が選択できるようになりました。

(4) 65歳〜79歳対象テストの内容

高齢者の体力テストの意義は歩行能力の評価であるという観点から，テスト項目は「開眼片足立ち」，「10m障害物歩行」および「6分間歩行」としました。

なお，高齢者を対象とした場合，特に安全に対する配慮が重要であることから，20歳以上の対象者に適用する質問紙による「健康状態のチェック」に加えて，「ADL（日常生活活動テスト）」を実施し，その結果に基づいて，そのほかのテスト項目を実施するかどうかを判定することとしました。

(5)「新体力テスト」の評価

従来の4つのテストの評価は，それぞれのテストが時期的に別々に作られたこともあって，大変複雑な構成となっていました（表1－1参照）。

「新体力テスト」では，基本的には従来のテストと同じですが，4つの対象年齢ごとに男女別に，それぞれのテスト項目の成績を1点から10点の10段階で評価することにしました。

しかし，これでは小学生では低学年が，青少年では若年者ほど評価が低くなってしまいます。そこで，次にそれらの合計点をもとに，19歳までは年齢別に，20歳以上は5歳刻み別に，それぞれAからEの5段階で総合評価することにしました。

なお，20歳〜64歳対象については，合計点をもとに，さらに5歳刻みで体力年齢も判定できるようにしました。

表1－3 「新体力テスト」の評価システム

	6〜11歳	12〜19歳	20〜64歳	65〜79歳
評価方法	男女別 項目別 1〜10点で評価 ↓ 年齢別 A〜Eで総合評価	男女別 項目別 1〜10点で評価 ↓ 年齢別 A〜Eで総合評価	男女別 項目別 1〜10点で評価 ↓ 5歳刻み別 A〜Eで総合評価 ＋ 体力年齢 5歳刻み	男女別 項目別 1〜10点で評価 ↓ 5歳刻み別 A〜Eで総合評価

第2章

「新体力テスト」のテスト項目

1　握　力

　運動は骨格筋が張力を発揮することによって発現するので，筋の機能，特に筋力は，重要な体力要素のひとつです。身体には様々な骨格筋がありますが，上・下肢の筋や人が直立姿勢を保持するのに必要な背筋等は，運動に重要な役割を果たします。そこで，脚筋力，背筋力，上腕筋力等がよく測定されています。また，脚筋力といっても膝関節を伸展させる筋力と屈曲させる筋力では活動する筋群が異なり，前者では大腿前面にある大腿四頭筋が働き，後者では大腿の後面にある大腿屈筋群が活動するので，部位によって発揮される筋力は異なります。このように多数ある筋群の力の中で，「新体力テスト」では握力を代表として取り上げました。

　握力を取り上げた理由は，「握る」という，小学生から高齢者に至るすべての人々が，容易に実施できる様式の運動によって最大筋力を測定することができるからです。

　従来のテストには筋力を測定する項目として，握力のほかに背筋力も含まれていました。背筋力は年々低下を示し，児童生徒の体力が低下することを示す重要な指標として注目されてきました。しかし，測定時の姿勢や動作を誤ると傷害を発生する危険性があることなどを考えると，小学生から高齢者までを対象とした項目として取り入れることには問題があります。そこで，「新体力テスト」には筋力の代表として握力を残したわけです。

　最大筋力の大きさを決定するのは，筋の断面積とそれを活動させるために必要な神経系の興奮です。筋線維が萎縮して，筋断面積が減少すると大きな筋力は発揮できません。逆に筋線維が肥大すると大きくなります。一方，筋断面積が大きくてもそれを収縮させることができなければ，大きな力は発揮できません。筋線維をできるだけ多く活動させるためには，意欲や動機づけが高く，力を出すことに集中できる能力が必要です。これはどの部位を対象とした筋力を測定しても同じです。

　このように，最大筋力の大きさには筋断面積と神経系の2つの因子が関係しますが，どれだけ集中できるかという神経系の因子は，筋活動の部位が変わっても共通です。おおまかにいうと，からだ全体の筋力は互いに関連して変化します。図2－1は背筋力と握力の年齢別平均値の関係を昭和55年度と平成7年度の体力・運動能力調査の結果から作成して示したものです。両者の間には，直線的な関係があることがわかります。その関係は昭和55年度と平成7年度とでは変わりません。なお，関係式は男女では異なります。したがって，握力を測定すれば，筋力の発達について，男女差だけでなく，時代的な変化の傾向を把握することができると考えられます。

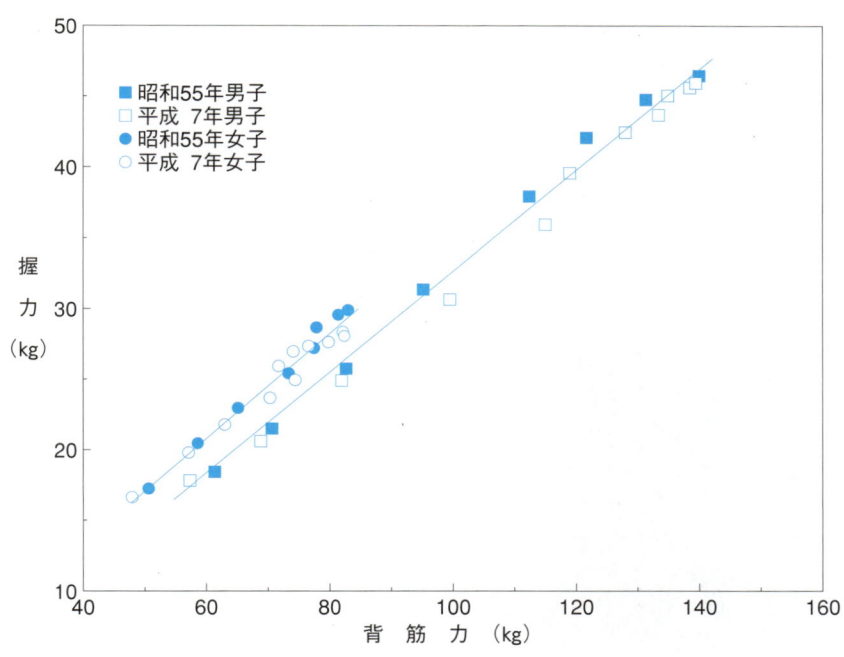

図2-1　握力と背筋力の関係（文部省，1981・1996）

2　上体起こし

　このテスト項目は，仰臥姿勢から上体を起こす動作が30秒間に何回できるかを測定することによって，腹部や腰部の筋力・筋持久力を測定するものです。

　「新体力テスト」では，広い年齢層で実施できるように，腕を胸の前で組む方法をとっています。また，膝関節を直角に曲げて，腰部の関節障害を起こさないように配慮されています。しかし，腰痛のある人がこのテスト項目を実施するのは危険があります。特に，高齢者では，あらかじめ質問紙によるADL（日常生活活動テスト）の結果から，そのほかのテスト項目実施の可否を判断することになっていますので，必ずそれをチェックしてこのテスト項目を実施してよいかどうかを確認してください。

　上体を起こすのに関与する筋群は，主として腹部の筋群です。図2-2は超音波法によって撮影した腹部の横断画像です。表層部に皮下脂肪層があり，その下に腹直筋がみられます。こ

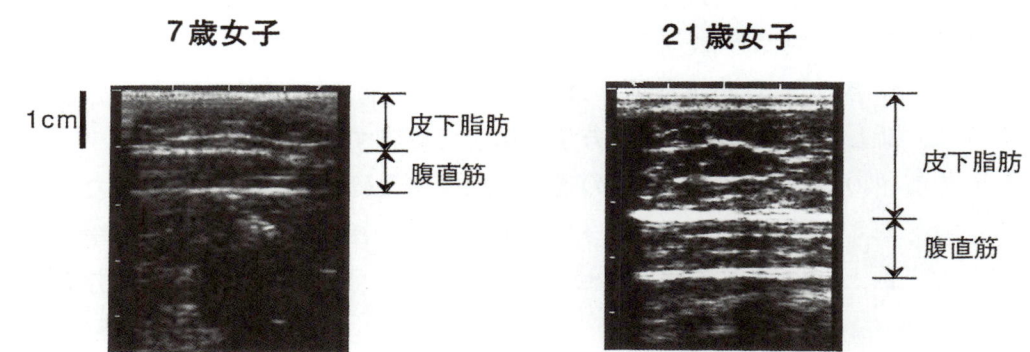

図2-2　超音波を用いて記録した腹部横断面像
　　　　筋上部にあるのが皮下脂肪，その下部に筋組織が観察される。

の腹直筋は上体を起こすときに働きます。そこで，腹直筋の厚さと上体起こしの回数との関係を調べてみると，男性では腹直筋が厚いほど，回数の多いことがわかっています。女性は男性に比べて腹直筋が薄く，個人差が男性ほど大きくありませんし，筋の上にある皮下脂肪が動作を制限する場合もみられます。そのため，上体起こしの回数は筋厚だけというよりも皮下脂肪を加味した腹部の形状との関係の方が密になっています。さらに女性では，この姿勢で上体を起こすことのできない人が，男性よりも多くいることがわかっています。

　上体を起こす動作では腹部の筋群の活動が主役ですが，上体を倒す時には，頭を打たないようにするので腰部関節を固定しながら行います。また，大腿部の筋活動も関与しています。したがって，このテスト項目は腹部だけではなく，腰部を含めた筋群の筋力・筋持久力が関わってきます。上体起こしで測定された腹部・腰部の筋力・筋持久力の高いことは，腰痛発生の可能性を低くすることに貢献するとされています。このようなことから，上体起こしは単なる筋力・筋持久力テストではなく，健康という観点からも重要な意味をもっているテスト項目といえます。

3　長座体前屈

　長座体前屈は，立位体前屈の原理を長座位で行うことによって，柔軟性を測定するものです。腰痛予防にも関連した健康関連体力要素として諸外国でも採用されています。しかし，「新体力テストの（テーブル移動式）長座体前屈」は，幅広い年齢層の人が安全に，しかも正確な測定ができるように，新しく工夫考案された方法を用いています。

　従来の長座体前屈の測定法では，脚長の違いが成績に及ぼす影響が大きかったことから，ウェルナーら（1992）やミンクラーとパターソン（1994）は，初期姿勢として背を壁に密着させ，両手を測定台の上面と同じ高さで伸展させた姿勢をとり，測定基点（0 cm）とする方法を提唱しました（図2-3）。

　「新体力テストの（テーブル移動式）長座体前屈」は次の特徴をもっています。
　①　初期姿勢

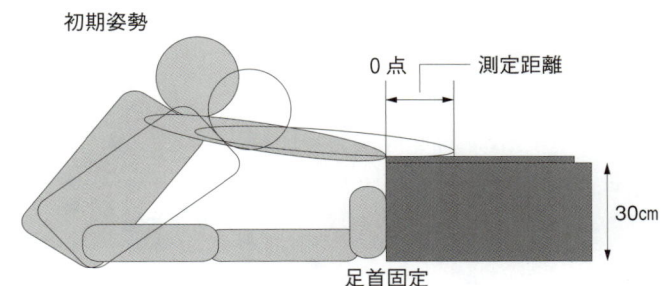

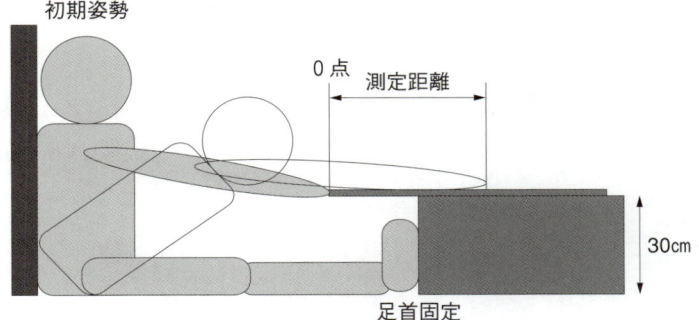

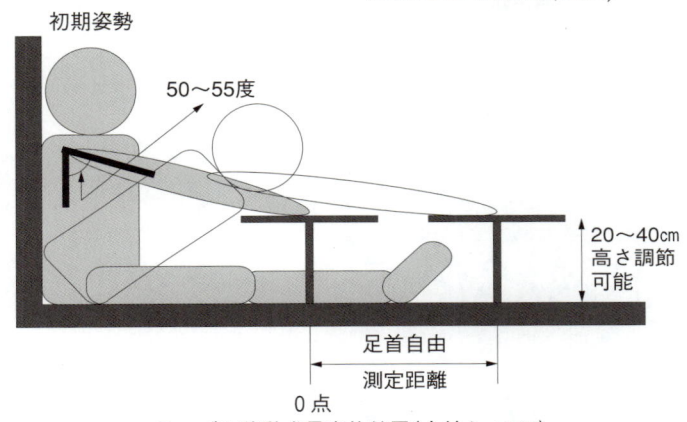

図2－3　長座体前屈測定方法の比較

　ウェルナーらやミンクラーとパッターソンの提唱した初期姿勢をとることによって，脚長の成績への影響を少なくしています。

② 痛みの軽減

　足底を床に垂直な板面にぴったりとつけて行う従来の方法では，足首が固定されるので，前屈した時に膝の裏側の筋や腱が引き伸ばされて痛みを生じます。

　図2－4は，「テーブル移動式長座体前屈計」を用いて，足首を90度に固定した場合と足首を自由にした場合との成績を比較しています。この図に示すように，足首を自由にしても，固定しても成績に大きな差はみられません。

　このことから，「新体力テスト」では足首を自由にして測定する方法を用い，測定時に生じる膝裏の痛みが生じにくくなっています。

③ 肩の柔軟性の関与

　従来の方法では，両手の左右指先をそろえて前屈をしましたが，肩関節の動きが制限さ

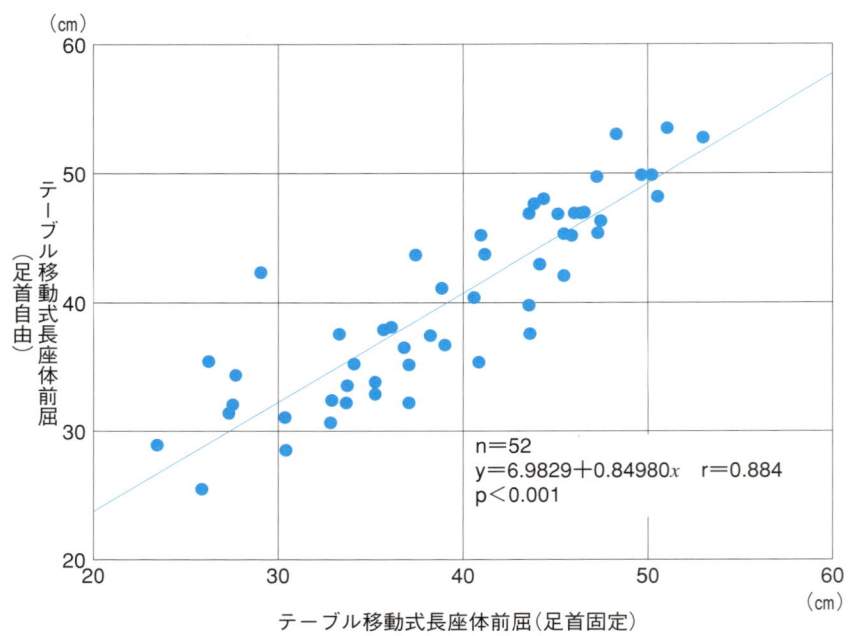

図2-4　テーブル移動式長座体前屈計を用いて，足首を固定して行った場合と足首を自由にして行った場合の測定値の関係（小林ら，1997）

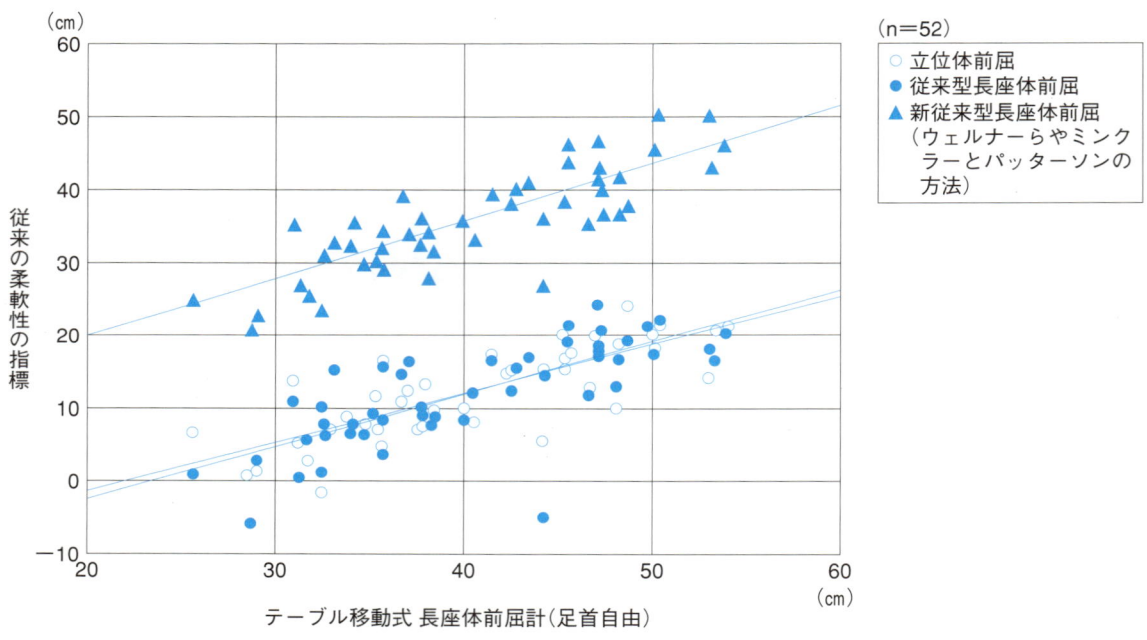

図2-5　テーブル移動式長座体前屈計（足首自由）と従来の柔軟性の指標との関係（小林ら，1997）

れ，姿勢が窮屈でした。「新体力テスト」では，左右の手を離して前屈するので，肩関節の柔軟性も含まれ，より全身的な柔軟性をあらわす指標となっています。

④　姿勢の安定と腰痛予防

　テーブルを移動させる際，両手で体重の一部を支えるので，従来の方法に比べ，腰部にかかる負担が軽減されています。

⑤　立位体前屈との相関

　「新体力テストの長座体前屈」の成績は，立位体前屈の成績とも相関が高いことが示されています（図2-5）。

【参考文献】
- Werner, W., Hoeger, K. and Hopkins, D.R. "A comparison of the sit and reach and the modified sit and reach in the measurement of flexibility in women" *Research Quarterly for Exercise and Sport* 63：191-195, 1992
- Minkler, S. and Patterson, P. "The validity of the modified sit-and-reach test in college-age students" *Research Quarterly for Exercise and Sport* 65：189-192, 1994
- Wells, K. and Dillon, E."The sit and reach-a test of back and leg flexibility" *Research Quarterly* 23：115-118, 1952
- 小林寛道・松垣紀子・杉田正明「テーブル移動式長座体前屈測定計の開発」日本体育学会第48回大会号 p402, 1997

4　反復横とび

　反復横とびは，全身を使った側方への反復運動の素速さにより，体力要素の敏捷性を測定するテスト項目です。

　敏捷性とは，全身または四肢（手，足，腕，脚）などの身体の一部分を素速く動かすことによって，身体の位置移動や運動方向の変換を行うための能力で，素速い動きをするときの運動の制御に関与するものです。

　敏捷性を測定するパフォーマンステストには，反復横とびのほか，バーピー，指・掌・足・脚のタッピングあるいはステッピングなどが用いられています。また，反射・反応能力を測定するテスト項目として，単純・選択の反応時間，棒反応時間などがあります。

　これらのテスト項目の中で，テストの信頼性および妥当性，発達および加齢に対する尺度特性，並びに測定実施上の安全性，簡便性，経済性などの条件を総合的に満足するテスト項目として，また，データの継続性を重視する観点から，高齢者を除いたすべての年齢層に反復横とびが選定されました。また，ステップ間隔を100cmに統一しました。

　敏捷性は，速い動作速度が要求される運動に共通に関与している能力であり，ほとんどのスポーツでの運動遂行に大きな役割を果たしています。例えば，サッカー，ラグビー，バスケットボール，ハンドボール，バレーボールなどのボールゲームでは，狭い戦術空間内での素早い動きが要求されます。

5　20mシャトルラン（往復持久走）

　全身持久力は，運動能力としても，健康に関連した体力としても，重要な体力要素のひとつとして位置付けられています。

　集団を対象として，全身持久力を測定するフィールドテストには，妥当性，信頼性および安全性が高く，そのうえ高価で特殊な器具を必要とせず，広範囲の年齢層に同一条件で実施できることが求められます。このような観点から，これまで主として次の3つの方法がとられてきました。

① 一定の距離を走って所要時間を計測する距離走（例えば，1500m走）
② 一定の時間に走った距離を計測する時間走（例えば，12分間走）
③ 一定の運動終了後の脈拍数を計測する心拍応答（例えば，踏み台昇降運動）

しかし，距離走および時間走では，スタートからゴールまで最大努力が必要であり，負荷を

漸増させる実験室テストとは異なります。また，その成績が，動機づけ，ペース配分の能力，無気的パワー，走路の特性や天候などに左右される割合が大きいことも指摘されています。

一方，脈拍数を指標とする方法は，脈拍測定の正確性に欠けること，運動に対する心拍応答が，発育・発達あるいは加齢によって異なるので，広範囲の年齢層の全身持久力を同一基準で比較できないなどの難点が指摘されてきました。

これに対して，20m シャトルラン（往復持久走）には，次のような特徴が認められています。

① 小学生から成人まで，広い年齢層にわたって高い妥当性が認められる
② 信号音でペースが指示されるので走りやすい
③ 走る速度が低速から漸増されるので，最大努力の時間は測定終了前の 1 分程度である
④ 自分の意志でテストを中止できるので，体力水準の低い場合，負担が軽くなる
⑤ 体育館内での実施が容易であるので，走路の特性や天候に左右されない
⑥ 一度に多くの人数を測定することができる
⑦ 測定者にも被測定者にも，特別な技術を必要としない
⑧ 精神的な飽きが起こりにくい

20m シャトルラン（往復持久走）は，レジェとランバート（1982）によって考案され，現在，カナダおよびヨーロッパ等で広く普及してきています。したがって，体力の国際比較も容易にできます。また，持久走との相関も高いことから，持久走に対する選択項目として採用されました。

なお，20m シャトルラン（往復持久走）の成績は，全身持久力の最も科学的尺度である最大酸素摂取量との相関が高く，その成績から最大酸素摂取量の推定が可能であることが多くの研究で示されています。そこで，参考として最大酸素摂取量が推定できる表が付記されています。この推定表は，「新体力テスト」で対象となる年齢層の日本人を対象に 2 つの項目を実測した結果から作成されたものです。

【参考文献】

▶ Leger, L.A. and Lambert, J. "A maximal multistage 20m shuttle run test to predict $\dot{V}o_2$ max" *Eur. J. Appl. Physiol.* 49：1-12, 1982

6　持久走・急歩

　持久走（急歩）は，規定距離の走行（歩行）に要した時間を計測することにより，体力要素の全身持久力を測定するテスト項目です。

　全身持久力とは，全身または四肢（上肢，下肢）などを使った一定強度の運動を長時間にわたって持続するための能力です。走行，歩行など移動を伴う全身運動を用いた持久力テストであるために，全身持久力のテスト項目と表現され，筋持久力と区別されています。

　全身持久力を測定するパフォーマンステストには，走行，歩行のほか，水泳，スキー，スケートなどがあり，選択的に用いることができます。また，1500m走，1000m走，3000m走，12分間走，5分間走，12分間歩行，6分間歩行，20mシャトルラン（往復持久走）などの異なる運動種目による全身持久力テストが用いられています。全身持久力のテスト項目は，用いられている運動課題の違いにより，運動強度が異なるので，対象により適切な課題が望まれます。

　運動速度漸増を前提とする20mシャトルラン（往復持久走）を除いたテスト項目の中から，テストの信頼性，妥当性，安全性，簡便性，経済性などの条件を総合的に満足するテスト項目として，また，データの継続性を重視する観点から，持久走および急歩は残されました。

7　立ち幅とび

　立ち幅とびは，立位姿勢から両足踏み切りで前方へ跳躍した距離を計測し，体力要素の筋パワー（瞬発力）を測定するテスト項目です。

　運動能力や体力としての筋の機能は，筋力，筋パワー（瞬発力）および筋持久力として評価されます。このうち，筋パワー（瞬発力）とは筋力とスピードの積として表されます。発揮する筋力が大きくなると，スピードは遅くなる特徴があります（図2-6）。したがって，両者の

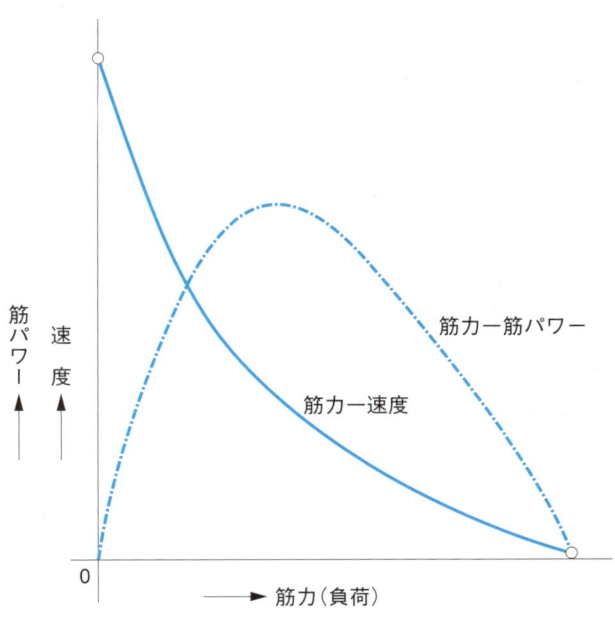

図2-6　筋力－速度および筋力－筋パワーの関係

積（パワー）の最大値は，図2－6に示されるように，最大筋力より小さめの筋力発揮で得られます。

　高くとぶ，遠くへとぶ，遠くへ投げる，強く打つ，全力で一気に押すなどの運動を支える能力が筋パワー（瞬発力）で，すべての運動の発現に関与する能力です。

　筋パワー（瞬発力）を測定するテスト項目には，立ち幅とびのほかに，垂直とび，走り幅とびなどが用いられています。これらの運動には，筋パワー（瞬発力）とともに，各運動課題に対して巧緻性が少なからず関与しています。そのために，筋パワー（瞬発力）のテスト成績は，用いられる運動課題の影響を受けます。

　これらのテスト項目の中で，テストの信頼性，妥当性，安全性，簡便性，経済性などの条件を総合的に満足するテスト項目として，立ち幅とびが選定されました。

8　ソフトボール投げ・ハンドボール投げ

　ボール投げは，原則的にオーバーハンドスロー（上手投げ）を用いて，ソフトボールあるいはハンドボールの遠投距離を計測し，運動能力要素の投能力を測定するテスト項目です。

　投運動の特徴は，手でボールを操作するために投球動作の巧緻性が強く関与していることと，全身を使った投運動には筋パワー（瞬発力）が大きく関与していることです。つまり，運動能力としての投能力は，投球動作の巧緻性を強く含んだ筋パワー（瞬発力）能力です。

　投能力を測定するパフォーマンステストには，遠投のほか，的当て投球，投球速度（球速）の計測などが用いられています。テストに用いられる運動課題では，基本的に握ることができる大きさのボールを使用します。しかし，体力つくり運動としては，メディシンボール投げなどが用いられています。

　これらのテスト項目の中で，遠投の測定実施における空間的制約，ボールの掌握，生体負担（特に投球時の肩への負担）などの条件を考慮するとともに，データの継続性を重視する観点から，6歳〜11歳の小学生ではソフトボール投げが，12歳〜19歳の青少年ではハンドボール投げが選定されました。

9　開眼片足立ち

　高齢者では体力要素のうち，姿勢バランス保持能力が著しく低下することがひとつの特徴です。姿勢バランス保持能力の低下は，筋力の低下や柔軟性の低下とも関連していますが，基本的には神経・筋コントロール系の機能低下ととらえられています。

　姿勢バランス保持能力は，年齢とともに急速に低下する体力要素のひとつであり，また個人差の大きいことも特徴的です。

　立位姿勢のバランス調整には，股関節や足関節をとりまく筋と神経系の働きが重要な役割をもっており，加齢に伴い開眼片足立ちの成績の低下するのは，特に足関節での筋と神経系のバランス調整力が低下することが大きな原因のひとつと考えられます。

　「開眼片足立ち」は，「閉眼片足立ち」に比較して，バランスがとりやすいテスト項目です。日常生活においては，「開眼」した状態で姿勢バランスをとることが多いので，バランス能力

の向上を指導することが大切です。また，普段歩くときに，「しっかりと片足に体重を移動させて歩く」など，日常の行動動作のなかで，バランスに対する意識をもつことが望まれます。

10　10m障害物歩行

　高齢者にとって，つまずいて転倒することが，骨折やそれに伴う「寝たきり」の状態を引き起こす誘因となっています。75歳以上の人のおよそ30％が転倒を経験しているといわれています。

　年齢とともに「つまずき」が多くなるのは，歩行時に足が地面から離れる高さが低くなり，また，つま先が下がった状態で脚を前方に運ぶなどの動作がみられるようになるためです。

　これらは，脚筋力の低下や実際の動作と意識とのずれなどが関与し，また，つまずきが転倒に至るには，反射的な素早い動作能力が低下することにも関係しています。

　「新体力テスト」の10m障害物歩行は，高さ20cmの障害物を歩いてまたぎこす動作を行うことによって，障害物をまたぐ時に使われる脚の筋の働きを感じ，足を高くあげることの動作意識を高めることが目的のひとつです。普段不注意でつまずいたり，意識と動作とのずれによってつまずいたりすることがあります。10m障害物歩行によって，日常生活での転倒予防についての留意点などをあわせて指導することが望まれます。

　平成10年度体力・運動能力調査結果（図2−7）によれば，75歳〜79歳になると，10m障害物歩行の成績が急速に低下しますが，これは脚筋力の低下やリズミカルな動きに対する反応や動きに関する筋・神経系の能力が低下することと関連しています。また，脚筋力のうち，足関節で足先を高く保つ筋の衰えも影響しているといえます。

　10m障害物歩行の結果は，こうした脚部の筋力や動作に関する総合的な体力要素が反映した歩行能力の指標であると考えられます。

11　6分間歩行

　6分間歩行は，全身持久力を測定するテスト項目ですが，正しい歩行姿勢を保って歩くことができる距離を計測することに大きな意義があります。

　高齢者においては，歩くことが健康の保持増進に役立つことから，6分間に正しい姿勢で歩くことのできる距離を各個人が目安としてもつことにより，運動プログラムの作成にも有効な資料とすることができます。例えば，10倍すれば，1時間に歩くことができる距離の目安となり，また，同時に6分間の歩数を計測しておけば，1歩の平均歩幅を算出することができます。年齢に伴って，歩行時の歩幅が狭くなることも体力低下の指標として大きな意味をもっています。

　「新体力テスト」の6分間歩行は，6分間の急歩競争ではなく，各人の歩行能力をとらえることが主目的となります。また，持久的運動効果としては，6分間以上の運動を持続的に行うことが有効であること，および持久的運動能力を測定する場合に，最低5〜6分間の運動持続が必要であることから6分間の歩行としました。

　平成10年度体力・運動能力調査結果（図2−7）によれば，加齢に伴う低下の割合は，男女と

も70歳代後半が大きくなっています。これらの加齢に伴う歩行距離の低下は，主として歩幅の減少によるところが大きいようです。また，高齢になるほど歩くリズムも遅くなります。

6分間歩行を行うことによって，①正しい姿勢で歩くこと，②歩幅をやや広くして歩くことなどについての理解を深め，健康の保持増進に有効な「歩く」運動の大切さを再認識してもらいましょう。

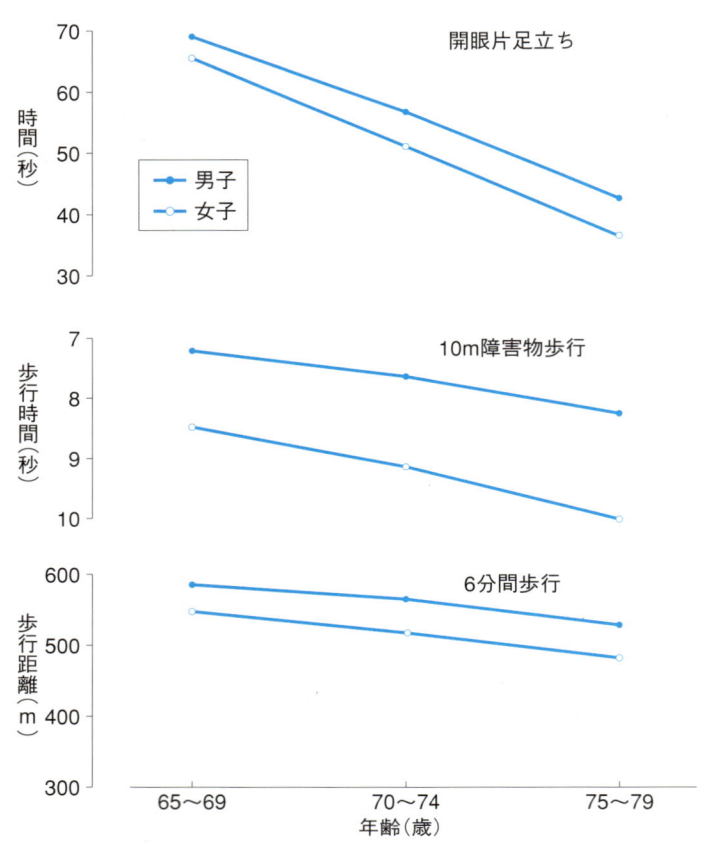

図2－7　開眼片足立ち，10m障害物歩行，6分間歩行の加齢に伴う変化（文部省，1999）

12　ADL（日常生活活動テスト）

「ADL（日常生活活動テスト）」は，高齢者が日常生活の中で必要とする基本的な動作（日常生活活動：Activities of Daily Living）ができるか否かを質問紙によって評価するテスト項目です。体力テストは最大能力発揮を要求するため，高齢者が体力テストを実施する際には常に安全性が問題とされます。そこで，「新体力テスト」では，65歳以上の高齢者がそのほかのテスト項目を実施できるだけの身体能力を備えているか否かを事前に確認するために，この「ADL」を取り入れました。

高齢者の場合，まず健康で自立した日常生活を営む身体的能力の有無が重要となります。したがって，日常生活における活動能力が一定水準以上にあることを確認したうえで，「新体力テスト」を実施することが，高齢者を対象とした身体能力評価の意義の点でも，安全性に対する配慮の点でも非常に重要です。

「新体力テスト」に用いられている「ADL」は，これまでのADLに関する諸研究（ドナルド

ソンら，1976；古谷野ら，1987）を参考に，4動作領域（移動系，操作系，平衡系，姿勢変換系）および10動作群（①移動・階段昇降・移乗動作，②起居・姿勢保持動作，③更衣動作，④食事動作，⑤家事（調理）動作，⑥家事（掃除）動作，⑦運搬動作，⑧入浴動作，⑨排泄・整容動作，⑩生活関連活動）から項目が抽出されています。そして，抽出した項目を用いて予備調査を重ね，統計的な手続きを通して最終的に12項目（①歩く，②走る，③溝をとび越える，④階段歩行，⑤正座からの起立，⑥開眼片足立ち，⑦乗り物内での立位保持，⑧ズボンをはく，⑨シャツのボタンとめ，⑩布団の上げ下ろし，⑪荷物の運搬，⑫上体起こし）からなる「ADL」が作成されました。テストに必要な信頼性や妥当性についても検討されています。これらの項目はいずれも3段階評価からなり，総合得点は36点満点になります。

「ADL」は，高齢者が自立した日常生活を営むうえで必要な基本的動作を取り上げています。したがって，「ADL」の項目のうち，困難な動作がある場合には，そのほかのテスト項目の実施について慎重に検討する必要があります。特に，歩行動作，階段歩行動作，とび越し動作などの下肢を用いる動作が困難な場合には，6分間歩行や10m障害物歩行などのテスト項目の実施に関して注意が必要です。②走るや⑪荷物の運搬といった，難易度が高い動作が満点の場合には，特別な場合を除いてすべてのテスト項目が安全に実施可能と考えられます。また，上体起こしは，腰痛を有する場合には実施が困難であり，上体起こしの無理な実施は，腰痛を引き起こす原因となります。腰痛は高齢者の活動能力に大きな影響を及ぼすことから，「ADL」で事前にチェックすることが重要になります。

さらに，シャツのボタンとめ動作には，手指の巧緻性や器用性が主に関与します。これらの体力要素を適切に評価する妥当性の高い体力テスト項目は少なく，「新体力テスト」にも含まれていません。このように，「ADL」では，体力テストによって測定・評価が困難な体力要素についても，簡易的な能力評価が可能です。

「ADL」では，総合得点および特定の設問の結果から，「新体力テスト」をより安全に実施するためのスクリーニング基準を示しています。「ADL」を利用する際には，このスクリーニング基準についても事前によく理解しておくことが必要です。

総合得点が12点以下の場合，日常生活の動作も困難であることを意味し，そのほかのテスト項目の実施は危険と考えられます。12点から24点未満の場合には，日常生活動作が部分的に困難であり，体力水準が標準よりも低い高齢者が該当します。したがって，特に下肢を用いたテスト項目の実施に関しては慎重な検討が必要になります。

24点以上の場合，基本的にすべてのテスト項目の実施は可能と考えられますが，「ADL」の結果を十分に検討し，「新体力テスト」の実施に関して慎重な配慮が必要です。

【参考文献】

▶ Donaldson, S. W., Wagner, C. C. and Gresham, G. G. "A unified ADL evaluation form" Arch. Phys. Med. Rehabil. 54：175-180, 1973
▶ 古谷野亘・柴田 博・中里克治・芳賀 博・須山靖男「地域老人における活動能力の測定をめざして」社会老年学23：35-43, 1986

第3章

「新体力テスト」の評価システム

　これまでの体力・運動能力調査は，6歳から59歳までを対象にして，「小学校低・中学年運動能力テスト」，「小学校スポーツテスト」，「スポーツテスト」，「壮年体力テスト」の4種類が行われてきました。テスト項目と評価方法は，それぞれ異なるために，長期にわたる時系列的変化が評価しにくくなっていました。

　「新体力テスト」は，データの継続性を重視し，広い年齢層にわたって同一のテスト項目を選定しています。その結果，評価は個人でも容易に，かつ時系列的変化を把握しやすくなるように作られています。

1　「新体力テスト」の評価システムの特徴

　「新体力テスト」の評価システムは，従来の体力・運動能力調査における連続性と課題を考慮し，個人で評価しやすく，ライフステージを通しての変化が把握できるように作成されています。すなわち，

① 各テスト項目の測定値を男女別に10段階（1～10点）で評価する。
② 各テスト項目得点の合計点を5段階（A～E）で総合評価する。ただし，総合評価基準表は男女共通のものとし，6歳～19歳については年齢別に，20歳以上は5歳刻み別で作成した。
③ 20歳～64歳については，体力年齢による評価も加えた。

したがって，「新体力テスト」の評価システムの特徴は，下記のようになります。

> ① テスト項目別に10点法を用いるため，どの能力が優れており，何が劣っているかについて自己評価ができます。
> ② 総合得点の5段階評価により，同年代の中で，自分の体力がどの程度なのかについて自己評価できます。
> ③ 握力，上体起こし，長座体前屈の全年齢共通の3テスト項目については，時系列的変化の評価が可能です。ライフステージを通しての筋力，筋持久力，柔軟性の変化が把握できます。
> ④ 全年齢を通して5段階尺度(A～E)を用いているため，ライフステージを通しての総合的な体力の時系列変化が把握できます。
> ⑤ 性差を考慮した評価ができ，また成人（20歳～64歳）では，体力年齢を求めることもできます。

2　調査票のアンケート項目の特徴

　「新体力テスト」の調査票におけるアンケート項目は，先行研究に基づき，体力に関連の深い生活習慣やスポーツライフの状況を取りあげています。また，関連する全国調査（「体力・スポーツに関する世論調査」，「社会生活基本調査」など）との整合性を考慮して作成されています。

　アンケート項目は，対象年齢区分ごとにやや異なっていますが，表3－1はアンケート項目をまとめたものです。

表3－1　調査票のアンケート項目

要因群	項目
(1) 個人的属性	年齢，性別，居住地の地域特性，職業，所属，体格（身長・体重）
(2) 健康・体力の自己評価	健康状態，体力の自己評価
(3) 運動・スポーツの実施	運動・スポーツの実施頻度，運動部・スポーツクラブへの所属，1日の運動・スポーツ実施時間，学校時代の運動部活動経験
(4) 生活習慣	朝食の摂取，睡眠時間，テレビ視聴時間

　アンケート項目は，次の4つの要因群から構成されています。

① 個人的属性

　個人的属性は，調査対象者の人口統計要因や体格などの項目からなっています。これらの項目を含めることによって，「新体力テスト」の時系列的変化や性別の分析，そして学校区分別の分析が可能になっています。また，体格データをもとにして，肥満度を推定したり，BMI値を算出することもできます。（BMI：body mass index　体重kg／身長m^2）

② 健康・体力の自己評価

　健康・体力の自己評価は，健康状態および体力について，それぞれ3段階の尺度で自己評価したものです。この2つの項目と「新体力テスト」の結果を比較すれば，主観的判断と実際の体力水準との関係を明らかにすることができます。

③ 運動・スポーツの実施

　運動・スポーツの実施は，「運動・スポーツの実施頻度」，「スポーツクラブ（運動部）への所属」，「1日の運動・スポーツ実施時間」，「学校時代の運動部活動経験」から構成されています。これらの項目は，「新体力テスト」の結果との関連が強いと考えられます。平成10年度体力・運動能力調査の結果からも，適切な体力水準を維持していくためには，運動・スポーツの適度な実施頻度と実施時間，そしてスポーツクラブへの所属が重要であることが示唆されています。

④ 生活習慣

　生活習慣は，朝食の摂取状況，睡眠時間，テレビ視聴時間をたずねています。最近は，朝食をとらない人が増えており，健康状態や体力への影響が心配されています。また，適度な睡眠時間により，健康は保持増進されます。テレビの視聴やテレビゲームなどへの過度なのめり込みも，規則的な生活習慣を妨げる要因となっているのではないかと懸念されています。

第4章

「新体力テスト」の実施計画と運営

1　実施計画から運営まで

「新体力テスト」の基本的な全体運営過程は，図4－1に示されるように，テスト実施の計画→テストの実施→テスト結果の活用→テスト実施計画の見直し，という一連のサイクルから構成されることが望まれます。

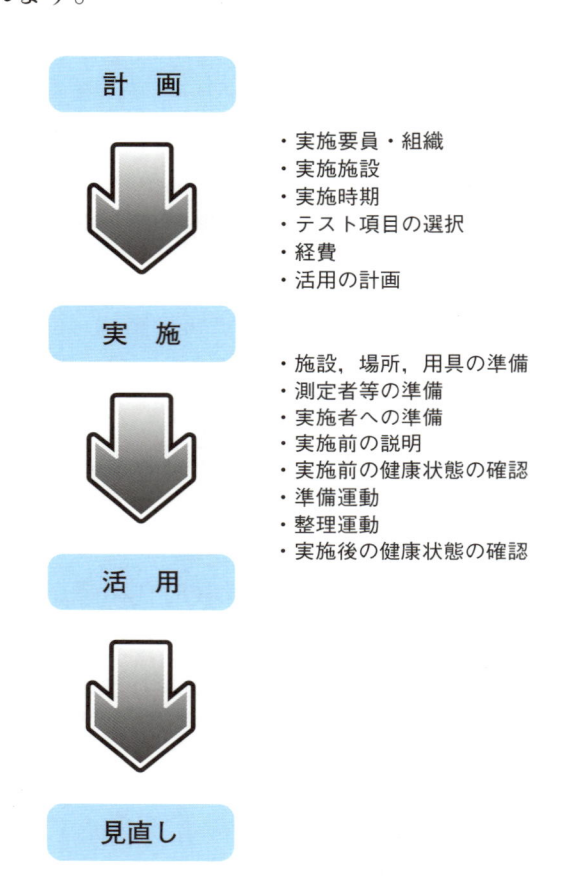

計　画
・実施要員・組織
・実施施設
・実施時期
・テスト項目の選択
・経費
・活用の計画

実　施
・施設，場所，用具の準備
・測定者等の準備
・実施者への準備
・実施前の説明
・実施前の健康状態の確認
・準備運動
・整理運動
・実施後の健康状態の確認

活　用

見直し

図4－1　新体力テスト運営の流れ

(1)　実施の計画

「新体力テスト」の実施については，図4－2に示した7要因について検討され，テスト実施環境が体系的に整備されたうえで運営されるように，実施計画が作成されることが望まれます。

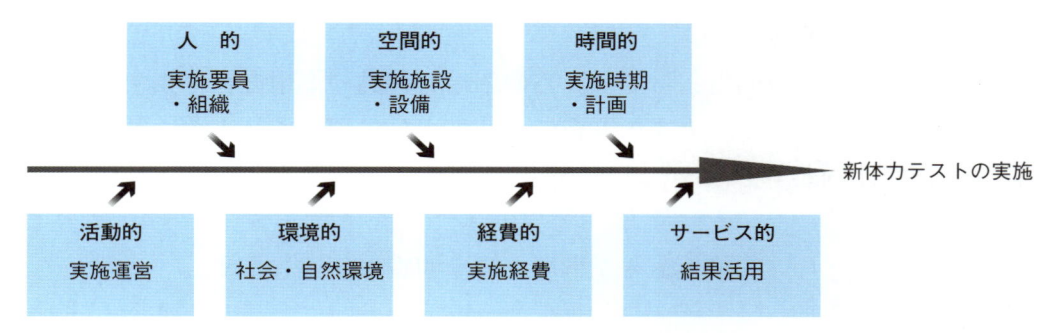

```
    人的              空間的            時間的
  実施要員           実施施設          実施時期
  ・組織             ・設備            ・計画
```

図4－2　新体力テスト実施環境の7要因

```
  活動的      環境的         経費的       サービス的
  実施運営    社会・自然環境  実施経費     結果活用
```

→ 新体力テストの実施

これらの要因は，社会における人間活動を支える活動環境を整備する場合の一般的な要因構成を示しています。

① 実施要員・組織

テストの実施計画は，実施に関わるすべての関係部局において検討されたうえで作成されることが望まれます。

テストの実施に参画する人的組織は，実施の計画からデータ整理までのすべての責任をもつことが肝要です。データ整理での人的エラーを少なくするためには，コンピュータを用いた電算処理を行うことが有効です。

また，テスト実施に伴う不慮の事故に対して，即座に対処できる体制づくりも必要です。

② 実施施設

テストの実施施設は，スポーツ施設等を利用し，運動実施に対する安全性，危機管理性が整備されているかどうかに留意します。

③ 実施時期

テストを受ける人に最も適した日時，時間を選ぶことが望まれます。

④ テスト項目の選択

実施目的を達成できるようにテスト項目の内容および数を適正に決定することが望まれます。

「新体力テスト」では，6歳～11歳対象が8項目，12歳～19歳対象が全身持久力の選択項目を含む8項目，20歳～64歳対象が全身持久力の選択項目を含む6項目および健康状態のチェック，65歳～79歳対象が6項目，ADL（日常生活活動テスト）および健康状態のチェックです。

(2) **テストの実施**

① 施設・場所・用具の準備

実施されるテスト項目ごとに実施要項に従い，必要な測定機器および用具，施設，場所，記録用紙等を準備します。例えば50m走の測定場所は正確な直線を用いて，ボール投げの測定場所は正確な直線と曲線を用いて準備します。測定施設の安全性を検証しておきます。握力計の較正，ストップウォッチの電池を確認します。

② 測定者等の準備

測定者は経験のある者が担当することを基本とし，あらかじめ測定方法全体を熟知しておく必要があります。測定値の記録の仕方についても補助員・記録担当者等に対して十分に説明，指導しておきます。

③ テスト実施者への準備

　テスト実施前の心身の準備としては，心の準備と行動の準備を行います。心の準備では「実施前の説明」によって，テスト実施について十分に理解させます。行動の準備では準備運動を十分に行います。

④ 実施前の説明

　テスト実施に先立ち，下記のような事項を簡潔明瞭に伝達します。
- テスト実施の意義
- 服装の確認
- 記録用紙等の携帯物
- テスト項目の内容と順序
- 測定の時程
- 実施上の留意点
- 不慮の事故への対応

⑤ 実施前の健康状態の確認

　テスト実施前の健康状態の確認は，安全で効率的な測定実施のために欠かせません。

　なお，「新体力テスト」では，20歳以上の実施者に対しては質問紙を用いて健康状態のチェックを行うことにしています。

⑥ 準備運動

　テスト実施前には，準備運動を十分に行います。特に，ストレッチングを用いて足首，膝，腰，肩，肘，手首，首の各関節可動域の確保，アキレス腱の伸展を行います。準備運動時に体調を確認させ，無理のない測定の実施に心掛けさせます。

　持久走，急歩あるいは20mシャトルラン（往復持久走）の測定実施前には，5分間程度の軽度なジョギングなどを用いた準備運動を行います。

⑦ 整理運動

　筋，腱のストレッチングを中心に整理運動を行います。これにより測定実施による筋疲労を軽減し，実施後の筋肉痛の発現を緩和することができます。整理運動時に体調を確認させ，身体に異常がみられた場合は速やかに対処します。

⑧ 実施後の健康状態の確認

　ケガ，身体の痛み，悪寒の有無など，測定実施後の健康状態を速やかに確認します。身体に異常がみられた場合は速やかに対処します。

(3) テスト結果の活用と実施計画の見直し

　体力は，生涯を通して変動します。個人が各ライフステージにわたって，主体的に健康や体力を管理していくためには，テスト結果の情報を健康つくりや体力つくりに活用していくことが重要です。

　学校においては，身長に代表される体格の発育と「新体力テスト」から測定される体力の発達を教材として活用することができます。集計を工夫することにより，授業はもとより部活動などでのトレーニングに有用な体力情報を提供することができます。また，テスト結果の活用だけではなく，テスト実施過程をグループ学習に利用することも考えられます。

　成人期では，身長発育が終了した20歳以降の体重調節と体力つくりを合わせて，主体的にテ

スト結果を活用することが大切です。

　高齢期では，体重が減少し始めたり，体力の衰えから日常生活が不活発になる傾向にあります。生きがいづくりと健康・体力つくりを一体化した毎日を送れるように，テスト結果を活用することが大切です。

　なお，「新体力テスト」は毎年実施することが望まれます。テストに関わる人員，施設・設備，経費，日程などのムリ，ムダ，ムラ等を少なくし，安全性，利用性，目的性の高いテストが実施されるよう工夫しましょう。

2　安全な実施のために

(1)　テストを実施する日までの注意点

　定期健康診断を受けておくことが重要です。スポーツ実施時に突然死を含め内科的事故を起こした例の多くは，循環器系疾患を保有していたことが判明しています。特に自覚症状がなくても，きちんと定期的に健康診断を受けておくことが，内科的事故を予防するうえで最も基本的なことです。最低限のチェックとして，学校や職場・地域の定期健康診断などで，異常の有無を確認しておきましょう。事故につながるような疾患が認められた場合には，テストの実施を控えるべきです。

　テスト実施日に向けて体調を整えていくことも重要です。睡眠不足にならないように，遅くまで飲酒するようなことを避けたり，徹夜の仕事や勉強は避けるようにすべきです。感冒症状などが出現してきた時には，早めに医師に診てもらい，治癒しておくことも大切です。最近あまり運動・スポーツを行っていない人は，ストレッチングや体操，歩行程度の運動は行っておき，体を慣らしておくことが必要です。

　なお，高気温・高湿度の環境（日本の真夏）下では，運動・スポーツ（体力テストも含めて）は避けるべきでしょう。

(2)　テスト実施当日に行うこと

　テスト実施当日に行うこととして，次のようなことがあります（表4-1）。問診を行い，最

近および当日の体調をチェックすることが必要です。胸部症状（胸痛，胸部圧迫感，息切れ，動悸など）の有無の確認が最も重要ですが，全身倦怠感，頭痛，腹痛，熱感，睡眠不足などのチェックも重要です。既往歴や現病歴，また現在の治療内容によっては，同行している医師の判断によって，テスト項目の全部あるいは一部を控えてもらうことも必要になります。血圧や脈拍の測定も，テストを受ける前に必須の検査です。血圧が高かったり，脈拍数に異常があったり，不整脈が認められた時には，直ちに医師に診てもらうことが重要です。

表4－1　体力テスト等スポーツ行事参加のための安全管理（参加当日の自己診断項目）

①発熱	⑤下痢	⑧関節痛
②倦怠感	⑥胸痛	⑨過労
③睡眠不足	⑦頭痛	⑩参加意欲の低下
④食欲不振		

なお，「新体力テスト」では，20歳以上の実施者に対しては，テスト実施前に質問紙を用いて健康状態のチェックを行うことにしています。

テスト実施直前の準備運動の十分な実施も，運動・スポーツに関連した事故を防ぐうえで大切です。いわゆるラジオ体操のような準備体操やストレッチングを十分に行わせ，その間にテストを受ける人の動作を観察することが重要です。動作が緩慢ではないか，顔色はどうであるかなどを確認することも大切です。また必要に応じて，途中で脈拍数を測定させ，極端な徐脈や頻脈，その他脈の不整のないことを確認することも大切です。準備運動の段階での胸部症状（胸痛，胸部圧迫感，息切れなど）出現の有無の確認も重要なことです。

テスト実施中の注意としては，
① テストを受けている人同士が競争にならないようにマイペースを守るようにし，その日の体調により自分なりにがんばることを徹底させること
② いつでも水分摂取が可能なように，飲料水を準備しておき，自由に飲ませるようにすること

③ 体調不良になった時には，途中でいつでもテストを受けている人自身から中止するように徹底しておくこと

などが必要です。

　測定者や補助員も，テストを受けている人の動作や顔色に注意をして，少しでもおかしいなと感じた時には，声をかけてみることが重要です（表4-2）。

表4-2　体力テスト等スポーツ実施中のチェックポイント

①顔色　　　　　　　　③脈拍数
②呼吸状態　　　　　　④運動動作の状態

　テスト実施後のチェック（表4-3）も重要です。また，整理運動を十分に行っておくことも，事故防止に役立つと考えられています。

表4-3　体力テスト等スポーツ実施後のチェック

以下の点があれば運動強度が強すぎたことを示唆しているので，次回実施の際に考慮する。
① 運動中止10分後でも息切れが持続
② 運動中止10分後でも脈拍数が100拍／分以上
③ 運動後に悪心・嘔吐

　いずれにしても，テスト実施前の医学的検査，テスト当日の注意事項をきちんと守ることにより，テストの実施により起こる事故は予防可能です。事故のないテスト実施になるよう，測定に関わるすべての人の努力が大切です。

第5章
統計的処理について

1　度数分布表とヒストグラム

　測定された生のデータを見てもデータの特徴を読み取ることはなかなかできません。例えば，表5－1に50個の数字が並んでいます。このような生のデータからデータの特徴を引き出すためには，データがどのように分布しているかを示すヒストグラムを作ります。視覚的に見ると，データの特徴がずっと読み取りやすくなります。

　ヒストグラムを作るには，まず度数分布表を作ります。この例の場合，19以下，20～39，40～59，60～79，80以上のそれぞれのデータ数を調べ，表にまとめると表5－2のような度数分布表になります。中の列がデータ数で，この表をもとに描いたヒストグラムが図5－1です。

表5－1　データ

83	27	36	62	39
63	53	30	61	68
54	35	71	39	17
69	36	82	51	25
57	55	87	39	64
34	13	60	50	40
45	47	41	59	86
47	51	59	29	52
6	15	73	40	54
49	4	60	66	45

　ここで，19以下，20～39などを階級，それぞれの階級に属するデータの数を度数と呼んでいます。表の右端の数字は，階級の順に度数を加えていった累積度数を示しています。この累積度数をデータの総数で割ると，その階級以下の部分の割合を求めることができます。この割合を百分率（%）で表したものをパーセンタイル（パーセント点）と呼んでいます。

　度数はいろいろな理由で誤差を含みます。例えば，学校で身長の測定をしたとしましょう。複数のクラスがある学校で，クラス分けは身長の順で行うとは限りませんから，それぞれの階

表5－2　度数分布表

階　級	度　数	累積度数
19以下	5	5
20～39	11	16
40～59	19	35
60～79	11	46
80以上	4	50

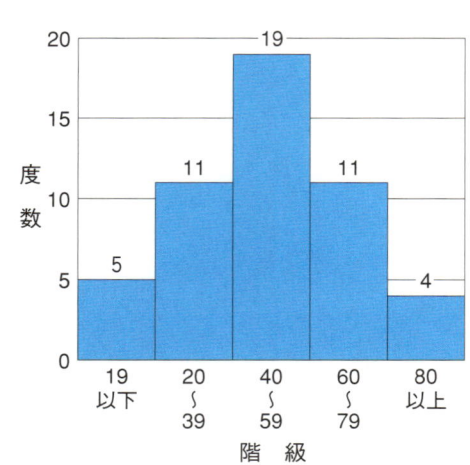

図5－1　ヒストグラム

級に属する生徒が均等に各クラスに分かれているわけではありません。そのため，あるひとつのクラスで調べた身長の分布は必ずしも学年全体の身長の分布を表さず，誤差を含みます。誤差は，およそその階級の度数の平方根程度と考えていいでしょう。度数が100ならば，10程度の誤差は見積るべきです。

度数分布表を作るとき，階級の数に注意してください。階級の数を増やし階級の幅を小さくすると，その階級の度数が少なくなり，誤差が相対的に大きくなります。その結果ヒストグラムの形が誤差でゆがみ，データの構造が読み取れなくなります。

2 代表値と散布度

生のデータからデータの特徴を読み取るには，前述のようにヒストグラムに描いてみるとよくわかりますが，年度の異なるデータとの比較，他の地域のデータとの比較などにはあまり向きません。比較するためには，分布の特徴を表す統計量を用いると便利です。

ヒストグラムから読み取れるデータの分布について表す統計量は，まず分布がどの大きさのあたりにあるか（代表値）とその周りにどれくらい広がっているか（散布度）があります。

代表値としてもっとも多く使われるのは平均値でしょう。平均値はデータの総和 $83+27+36+62+39+\cdots+60+66+45=2428$ を求め，それをデータの個数50で割ります。$\frac{2428}{50}=48.56$ と計算し，48.56が平均値となります。

代表値として使われるものには平均値以外に，並み値（最頻値，流行値などとよぶこともあります。），および中央値があります。並み値は最も度数が大きい階級をあらわす値です。前の例では，40〜59の階級を表す値 $\frac{40+59}{2}=49.5$ が並み値になります。中央値は順番に並べたときの中央に位置する値で，前の例の場合，大きい方から25番目が51で26番目が50なので，$\frac{51+50}{2}=50.5$ が中央値になります。

どの代表値がデータの特徴をよくとらえているのかは，分布の形によります。適切な代表値を用いてデータを表現してください。例えば，あとで紹介する正規分布のように左右に対称な形の分布の場合，3つの代表値はほぼ等しく，どれをとっても変わりませんが，分布の形が左右対称でなく偏っている場合などは，並み値の方が全体の傾向を表していることがあります。

データが代表値の周りに広がっている広がり具合を表す統計量を散布度といいます。標準偏差がもっとも代表的で，次に示す分散の平方根で求められます。

分散は，各データと平均値との差（偏差）の2乗の平均です。前の例では，
$$\frac{(83-48.56)^2+(27-48.56)^2+(36-48.56)^2+\cdots+(45-48.56)^2}{50}\fallingdotseq 380.28$$
です。標準偏差は，この分散の平方根で19.5程度になります。

標準的な分布（正規分布）の場合では，ピーク値のおよそ0.6倍のところでの分布の幅の半分になります。

3 母集団と標本

小学校6年生の握力を測定し，平均値を求める場合を考えましょう。平均値を求めるのに，

日本中のすべての小学校6年生について握力を測定し，集計するのは大変です。測定対象が偏ることなくデータを集めることができれば，1,000人分でかなりの精度で平均値を求めることができます。この場合，全小学校6年生（母集団）に対し，測定した対象を標本と呼んでいます。

4　不偏分散

標本で求めた分散（標本分散）は，母集団の分散よりも小さくなる傾向にあります。これはそれぞれのデータの偏差を求めるとき，母集団の平均値からのずれではなく標本の平均値からのずれを求めるため，母集団の平均値と標本の平均値との差の2乗分だけ小さくなるためです。このため標本のとり方を変え，いろいろな標本でとった標本の分散についての平均を求めても，母集団の分散には等しくなりません。分散を求めるとき，分母を標本の大きさではなく，標本の大きさ−1として求めたもの（不偏分散）の平均が，母集団の分散に等しくなることがわかっています。このようにして求めた不偏分散の平方根を，不偏標準偏差と呼んでいます。

5　正規分布

いろいろなデータの分布で図5−2のグラフのように左右対称できれいな分布になることがあります。この分布は正規分布と呼ばれていて式で表すと $\frac{1}{\sqrt{2\pi}}e^{(-\frac{x^2}{2})}$ という形になり，標準的な分布と考えることができます。測定されたデータの分布がおよそ正規分布に従うとき，平均値と標準偏差を使うことにより，全体値の中で

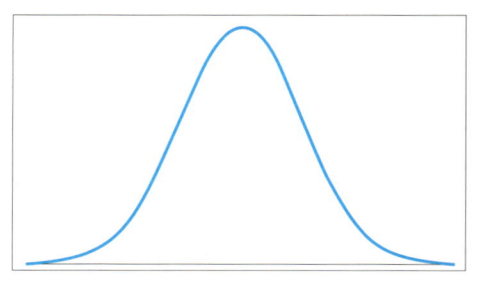

図5−2　正規分布

あるデータの位置を求めることができます。平均値より標準偏差分だけ上にあるデータは，全体の中でおよそ16％のところにあることがわかります。

6　平均値の比較

あるグループから選ばれたデータを基準となるデータと比較をしたり，他のグループから得られたデータと比較することがあります。同一の分布に従う独立な n 個の統計量の平均値は，n が大きくなるに従い正規分布に近づくことが知られています（中心極限定理）。この性質を使うと，それぞれの標本が十分大きい場合（それぞれの標本数が30以上）は，それぞれの標本から得られた平均値が，同一の母集団から得られた標本の平均値と考えられるかどうかを検定できます。

母集団が正規分布に従った分布をする場合は，母集団から取り出された標本数 n の標本平均の分布は（n が十分大きくなくとも）正規分布になります。この分布の平均値は母集団の平均値に等しく，また標準偏差は $1/\sqrt{n}$ 倍になります。この性質を使うと，標本の大きさが小さくても議論できます。また，平均値が0である正規分布から n 個取り出し，その平均値を不偏標

準偏差で割った統計量は，自由度 $n-1$ の t 分布になるので，元の標準偏差が使えない場合でも，分布が正規分布であることがわかっていれば平均値の比較ができます。

どのタイプの性質を使って平均値を比較する場合でも，母集団から標本を取り出すとき，その取り出し方に偏りがあると正しい議論になりません。標本の取り出し方に偏りがないことを十分に確かめてください。また標本の大きさが小さいときは，母集団が，正規分布であることを使った議論になっています。母集団が，正規分布に従うことを確かめてから比較してください。

以上のことを利用して，平均値の比較の方法（平均値の差の検定）を整理してみましょう。比較の仕方は7つのタイプに分けられます。

 基準値と比較する場合
  母集団の分散が既知のとき……………………………………………タイプ1
  母集団の分散が既知ではないとき……………………………………タイプ2
 2つの群の間で比較する場合
  2つの群のデータに対応があるとき…………………………………タイプ3
  2つの群のデータに対応がないとき
   同一の母集団内での2群の比較のとき……………………………タイプ4
   異なる母集団に属する2群の比較のとき
    母集団の分散が既知のとき………………………………………タイプ5
    母集団の分散が既知ではないとき
     2つの母集団の分散が等しいとき……………………………タイプ6
     2つの母集団の分散が等しいとは考えられないとき………タイプ7

クラス全体での平均値と全国平均値などとの比較や異なった2つのクラス全体での平均値の比較などは，クラス全体を扱っていて無作為に標本を抽出しているわけではないので，検定になじまないと考えられるかもしれませんが，タイプ1，タイプ4と考え，全国のデータを母集団として扱い，母分散は全国データの母分散で既知としてください。この処理で，対象のクラスが母集団からの無作為に選ばれた（2つの）標本と考えてよいかどうかを調べていることになります。

コンピュータでは統計用ソフトウェアを利用すると，簡単に平均値の統計的検定を行なってくれます。対応したタイプやデータを入力すると，前述した適切な統計量（正規分布に従う量 z_0 あるいは t 分布に従う量 t_0）とその確率 $P(|t|>|t_0|)$ を求めてくれます。

AとBの2群の母平均に差があるか否かを検定する場合について，例にとって手順を説明しましょう。

① 統計的仮説：帰無仮説と対立仮説を立てます。
  帰無仮説 $H_0: \mu_A = \mu_B$
  対立仮説 $H_1: \mu_A \neq \mu_B$ ここで，μ_A, μ_B は母平均

② 危険率の水準（有意水準）を定めます。
  $\alpha = 0.05$ とか 0.01

③ データから t_0 あるいは z_0 を求めます。

④ 統計的仮説を検討します。

$|t_0| \geq t(\varphi,\alpha)$ ならば H_0 を棄却し H_1 を採択します。

$|t_0| < t(\varphi,\alpha)$ ならば H_0 を採択します。

φ は自由度（平均値の差の検定では $\varphi = n_A + n_B - 2$, n_A, n_B は標本の大きさ）

標本の大きさが小さいと「H_0 を採択」となってしまうことがあるので，標本の大きさが小さいので H_0 を棄却できなかったのか，十分な標本の大きさがあり H_0 を採択すべきなのかを注意してください。

7　データの標準化

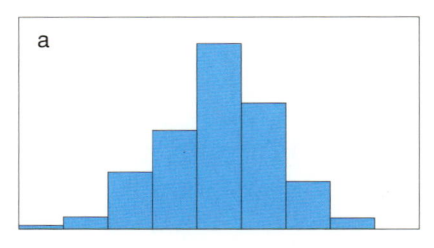

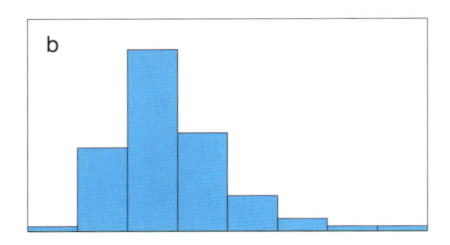

例えば50m走で，速さ（m／秒）で測ったデータの分布はきれいな正規分布（図5－3a）になっても，50mの所要時間（秒）で測ったデータの分布を調べると遅いほうに尾を引いたグラフ（図5－3b）になります。このように測定で用いた尺度（この例では秒）で測ったデータでは，きれいな分布が得られない場合があります。このような場合でも適切な尺度に代えると，きれいな正規分布に近づけることができます。

図5－3　データの分布

前にふれたパーセンタイルで全体の中での順位を表すことができます。このパーセンタイル順位をもとに，適切な換算表を用いて標準化された値にすることもできます。

なお，「新体力テスト」の項目別得点表は，きれいな分布が得られるように調整された目盛りになっています。

第6章
「新体力テスト」の結果の活用

　「新体力テスト」は，測定を実施すること自体が目的ではなく，測定結果を何らかの基準に照らし，体力水準やその特性を評価するための資料を提供することが主な目的です。したがって，単なる測定値の大小関係だけではなく，何らかの基準に基づき，測定値の優劣や到達度について評価したうえで，その情報を健康の保持増進や体力の向上に活用することが重要です。例えば，テストの結果が優れているのか劣っているのかは，全国平均値や集団の平均値と比較することによって把握できますし，また体力の発達や低下の傾向は，前年の結果と比較することによって把握できます。

　「新体力テスト」により客観的に把握された体力測定値あるいは体力得点は，①健康状態や体力水準の保持増進，②傷害・疾病の予防，③競技力の向上などのための基礎的資料として活用されます。そして，これらの用途に活用する際には，テスト項目の特性（各項目がどの体力要素を評価するために用いられているか），測定結果の得点化の基準（絶対的基準および相対的基準），評価方法，体力診断および運動処方を行うための医学的知識やトレーニング理論に関する正しい知識と理解などが必要となります。

　テストの結果を運動処方に活用するまでの一般的な手順としては，テストの実施→得点化→評価→体力診断→運動処方といった方法が取られます（図6－1）。

1　「新体力テスト」の結果の得点化

　テストの結果得られた測定値は，ある基準に基づいて得点化することにより，その測定値がもつ意味を解釈しやすくなります。また，得点化により，一般に単位がなくなり，単位の異なるテスト項目間の比較が可能となります。得点化の基準値としては，絶対的基準と相対的基準が考えられます。

　絶対的基準とは，例えば全国平均値がこれにあたり，各個人の体力測定値が標準値と比較してある一定水準に達しているか否か，あるいはどの段階にあるかを簡単に得点化できます。「新体力テスト」では，6歳～11歳，12歳～19歳，20歳～64歳，65歳～79歳の各年齢段階におけるそれぞれのテスト項目について，項目別得点表および総合評価基準表が示されています。これらの方法の場合，個人の測定値を表の値と照合するだけで簡単に得点化することができます。

　相対的基準は，測定した集団（学校，学年，チームなど）の平均値とばらつき（標準偏差や分散）を用いて評価基準を作成し，集団内での個人の相対的位置を得点化します。

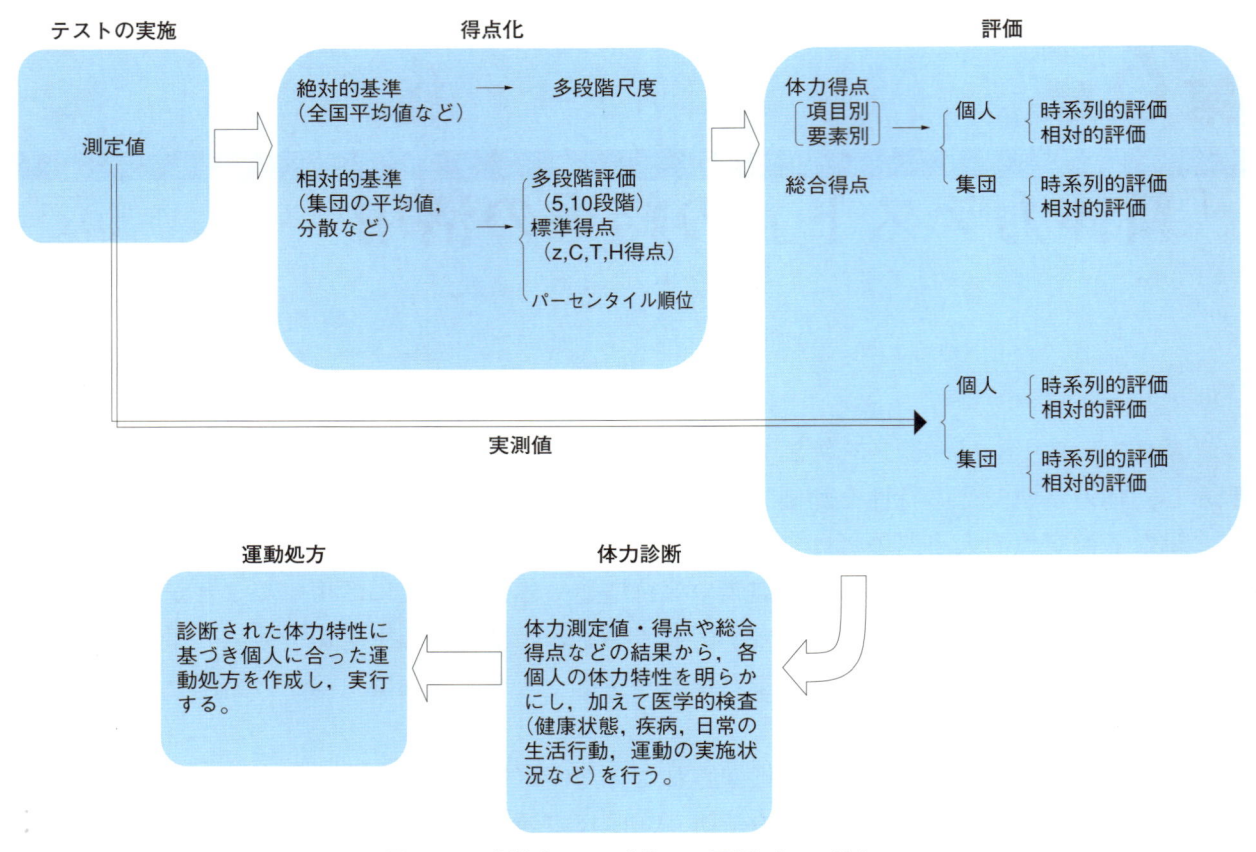

図6−1　新体力テスト実施から運動処方への流れ

　相対的位置付けの方法としては，①多段階（5点法，10点法，20点法など）の評価区分を作成し，その評価基準と照合して各測定値を得点化する方法，②標準得点（zスコア，Cスコア，Tスコア，Hスコアなど）を用いる方法，および③パーセンタイル順位を用いる方法があります。①と③では，全国平均値とは異なり，テスト実施後に測定集団の平均値と標準偏差を用いて多段階評価区分や順位を算出し得点化します。②は平均値と標準偏差を用いた以下の式により標準得点に変換します。

　　　zスコア＝（測定値−平均値）÷標準偏差　　　（得点範囲：−3〜3；平均0）
　　　Cスコア＝2×zスコア＋5　　　　　　　　　　（得点範囲：0〜10；平均5）
　　　Tスコア＝10×zスコア＋50　　　　　　　　　（得点範囲：20〜80；平均50）
　　　Hスコア＝14×zスコア＋50　　　　　　　　　（得点範囲：0〜100；平均50）

　表6−1は，10歳の小学生10人の握力値を得点化した例を示しています。評価表の欄の数値は，「新体力テスト」の項目別得点表（6歳〜11歳）により10段階評価した時の得点であり，絶対的基準を用いて得点化しています。一方，zスコア，Cスコア，Tスコア，Hスコアは，10人の平均値と標準偏差を用いて算出した標準得点であり，相対的基準を用いて得点化されています。zスコアは負の値をとるため，一般的にはCスコア，Tスコア，Hスコアが評価に用いられます。

2　評価に用いる値

　テストの結果の評価に用いる値として，得点化された値と測定値そのもの（実測値）の2通

表6-1 測定値を得点化した例（小学生の握力）

被測定者	握力値（kg）		評価表	zスコア	Cスコア	Tスコア	Hスコア
A	9		4	−1.2	2.5	37.7	32.7
B	12		5	−0.8	3.5	42.3	39.2
C	21		8	0.6	6.2	56.2	58.6
D	18	⇒	7	0.2	5.3	51.5	52.2
E	20		8	0.5	5.9	54.6	56.5
F	15		6	−0.3	4.4	46.9	45.7
G	22		8	0.8	6.5	57.7	60.8
H	10		4	−1.1	2.8	39.2	34.9
I	13		5	−0.6	3.8	43.8	41.4
J	30		10	2.0	9.0	70.1	78.1

人数：10　　平均値：17　　標準偏差：6.5

りが考えられます。前者は，体力得点をグラフ化し，体力特性や体力要素の発達バランスを評価する場合と，体力得点を合計し，総合得点を算出する場合があります。得点化された値は，ある集団の中における相対的位置を示します。また，これらの値を用いた評価の観点としては，個人の特性（個人の体力の長所・短所）を評価する場合と，集団の特性（チーム力の長所・短所）を評価する場合があり，それぞれについて，時系列的評価（時間をおいて能力の変化を評価する）と相対的評価（集団の中での位置付けを評価する）が考えられます（図6-1参照）。

(1) 体力得点

ある基準（絶対的基準および相対的基準）に基づいて算出した体力得点から，各テスト項目の優劣を評価することができます。体力得点をグラフ化することにより，体力要素の発達バランスについて評価することもできます。バランスのとれた体力特性を有することは，健康・体力の保持増進，または競技力向上のいずれの場合においても重要です。

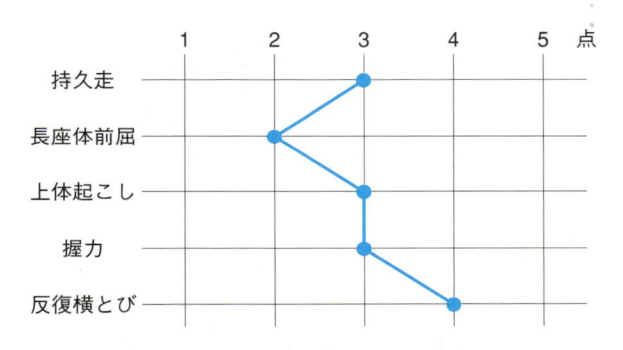

図6-2 体力得点のグラフ化（項目別）

グラフ化する際には，①各テスト項目の得点を用いる場合と，②体力要素ごとに得点を算出する場合があります。②の場合には，各体力要素の得点は，該当する複数項目の得点の平均値を用いるので，各テスト項目で評価できる体力要素をあらかじめ理解しておく必要があります。「新体力テスト」のテスト項目と体力要素との対応関係については第1章図1-3に示されています。

グラフ化の方法には，それぞれの項目を並行に並べて示す方法（図6-2）や多角形のレーダーチャートを作成する方法（図6-3）などがあります。いずれの方法も，体力のバランスや総合的な体力水準を視覚的に把握することができます。図6-2の方法は，評価項目を追加していくことができる点で実用的です。レーダーチャート

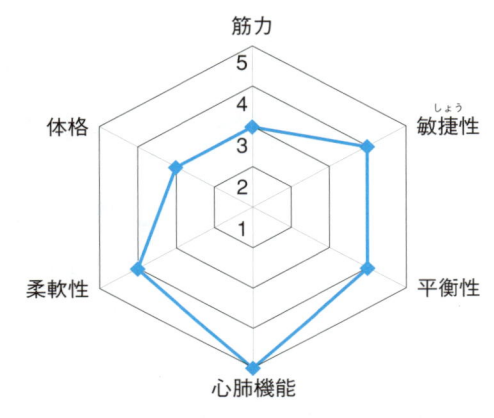

図6-3 体力得点のグラフ化（体力要素別）

の場合，多角形の面積が大きいほど，総合的な体力水準が高いことを意味します。

(2) 総合得点

得点化された各測定値は標準化されているため，測定単位（cmやkgなど）に関係ないのでテスト項目間での優劣の比較やそれらを合計（総合得点）することが可能になります。総合得点は高いほど体力が優れていることを意味しています。「新体力テスト」では，総合得点の評価基準として総合評価基準表があり，総合得点を5段階で評価します。また，この総合得点についても他の測定値と同様に，測定した集団の平均値および標準偏差を用いた多段階評価が可能です（相対的評価）。ただし，総合得点は，個人の総合的な体力水準の高さを示すものであり，体力構成要素の発達バランスを把握することはできません。

(3) 実測値

測定値を得点化せず，そのまま用いて評価する場合もあります。この場合，測定単位が異なるため，グラフ化により体力要素の発達バランスを評価することはできませんが，各測定値における絶対的な変化を評価することができます。例えば，子どもの身長や体重の発育・発達状況や，高齢者の筋力における加齢変化の過程を評価したり，絶対的な差異を検討する場合（AチームとBチームの比較など）によく用いられます。

3　評価の観点

(1) 個人（個人内，集団内）の体力評価

個人の体力評価には，①個人の体力特性を時系列的に比較する場合と，②個人の体力の集団内での相対的な位置付けを把握する場合の2つの観点が考えられます。

時系列的な比較は，ある人が一定期間を置いて実施した測定結果の変化を評価します。例えば，発育・発達および加齢変化における特性やトレーニングの効果を評価する場合や，2年生時と1年生時の比較をする場合がこれに該当します。この場合，体力得点をもとに体力特性や体力要素の発達バランスの変化を比較する場合（図6-4）と，実測値を用いた絶対的な変動を比較する場合（図6-5）があります。

学校においてこのような時系列的な評価を行うことは，児童生徒の発育・発達の状況を把握するうえで，非常に有効な資料となります。また，高齢者の場合，体力水準が保持されているかを確認することができます。健康の保持増進を目的とした運動処方においても，運動処方の

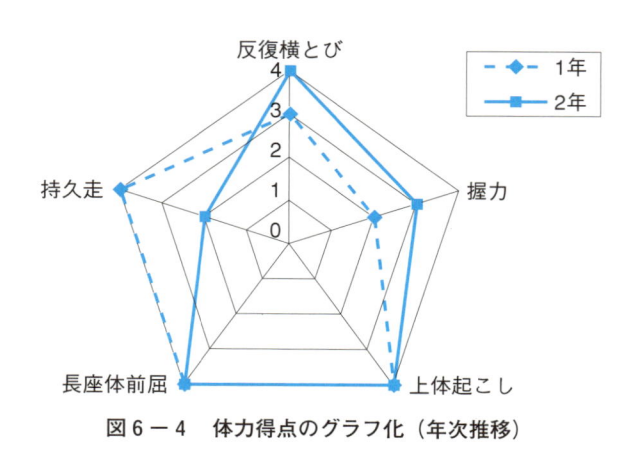

図6-4　体力得点のグラフ化（年次推移）

図6-5　ハンドボール投げの測定結果

実施前後,および実施中における各個人の体力特性の時間的な変化を継続的に把握しておくことは,より適切な運動処方の立案・修正を行ううえで非常に重要です。例えば,減量を目的とした運動処方の場合,実施中の体脂肪率の変化を記録しておくことにより,トレーニングの効果およびプログラムの修正に役立ちます。

また,競技選手のトレーニング効果やコンディショニングの把握に体力テストの結果を活用する場合にも,このような時系列的な分析は有効です。トレーニング効果を評価したい場合には,トレーニング前およびその後の定期的な(1～2か月ごと)測定を継続的に実施することが重要となります(図6－6)。コンディショニングの把握には,シーズン前後など,毎年決まった時期に測定を実施し,年間の変動および前年度までの変動と比較することにより有効に活用できます。

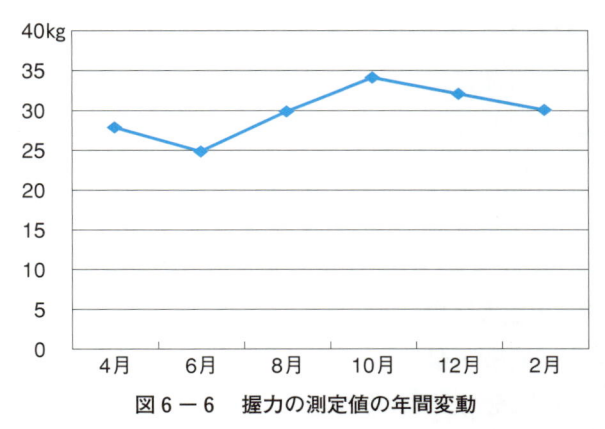

図6－6　握力の測定値の年間変動

②の相対的評価の場合,集団内(学年,クラス,チームなど)における各個人の相対的な位置付けを評価します。時系列的な比較の場合では,各自の以前の測定結果を基準に評価しましたが,この場合,比較の基準が集団の平均値となります。あらかじめ算出した集団の平均値とばらつき(分散,標準偏差)を用いて基準値を作成し,それに当てはめて評価します。

例えば,各年齢ごとの項目別得点表や総合評価基準表などのような一般的な標準値と比較する場合や,それぞれの現場で得られたデータを集計し,学年別,性別,学校別など,各自の目的に合わせて算出した基準値(標準得点や多段階評価)に当てはめる場合があります。

運動部活動や競技力向上のために活用する場合には,上位選手や上位チームの平均値を利用して算出した基準値(標準値や多段階評価)と比較することにより,上位の選手と比較した場合の選手個々の能力水準や能力特性を把握できます。このような比較は,選手自身の競技力向上に対する動機づけにも役立ちます。

(2) 集団の体力評価

集団の体力評価とは,複数の集団間で体力特性を比較し,その集団(学年,年代,チームなど)の体力特性を把握することです。例えば,男性と女性,運動実施群と非運動実施群,年代間(30歳代,40歳代,50歳代)などで体力特性を比較する場合が該当します(図6－7)。

運動部活動や競技力向上のために活用する場合には,上位チームの測定値と比較することにより,チーム力の総合的な評価ができることに加え,選手自身の競技力向上に対する動機づけにも役立ちます(図6－8)。この比較には,個人の体力評価の場合と同様,各集団の平均値と分散を用いて平均値の差の検定(t－検定)や分散分析などによる統計的処理を行うことができます。

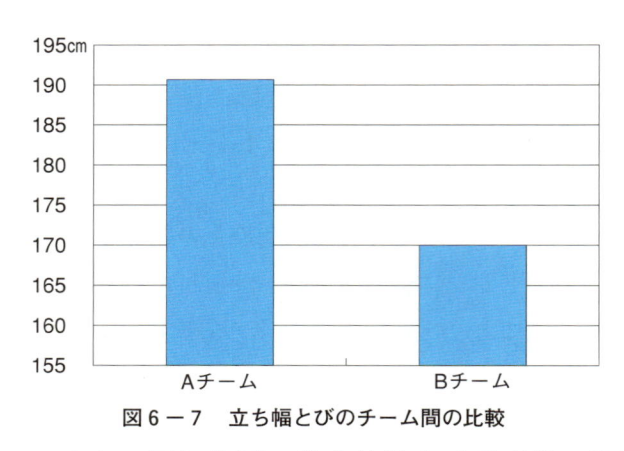

図6-7　立ち幅とびのチーム間の比較 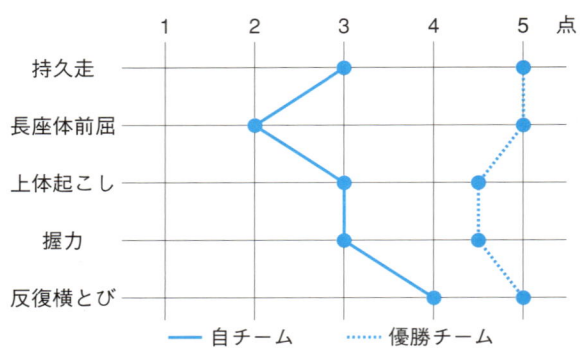　　　　　　　図6-8　体力得点のチーム間の比較

　また，同じ集団の体力特性を時系列的に継続して比較することもできます。これらの資料からは，一般的な児童生徒の発育・発達傾向や高齢者の体力低下傾向などが把握できます。個人の時系列的なデータの場合と同様に，これらの資料について回帰分析という統計的手法を活用することにより，将来的な発達および低下の予測値を推定することもできます。

4　体力診断

(1)　体力診断における一般的注意事項

　体力診断はテストの結果を健康・体力つくりに活用するために，テストの実施後に必ず行う必要があります。また，これは健康・体力つくりのための運動を処方する前提となります。テストの結果の判定・評価には，統計的な処理が必須であり，個人や集団のデータを解釈するための客観的な根拠を与えることになります。

　体力診断ではテストの結果だけでなく，医学的検査も考慮しなければなりません。実際に体力診断を行うに当たっては，健康状態，疾病，日常の生活行動，運動の実施状況など，さまざまな関連する情報を収集し，併せて問診，体力相談，観察などを行い，必要であれば医師の検査を求めます。

　なお，「新体力テスト」では，65歳以上の高齢者が安全にテストを実施するために，その実施に先立って，ADL（日常生活活動テスト）を行うことになっています。このテスト項目は日常生活でなされるいろいろな動作ができるか否かを評価するものであり，そのほかのテスト項目の実施の可否を判定する簡易的なスクリーニングテストとして，安全性を考慮したテストの実施には不可欠です。これまでの研究結果から，特に，日常での歩行動作，起立動作，立位保持動作，階段歩行動作，溝のとび越し動作，布団の上げ下ろし動作，上体起こし動作などができない場合には，「新体力テスト」の全体的・部分的な実施の可否を十分に検討する必要があります。

　① 体力要素別評価と総合的評価

　　体力診断を行う場合，体力要素別評価と総合的評価とを組み合わせて分析する必要があります。つまり，全体的な体力水準と各体力要素の発達バランスの両方を評価し，適切な体力診断を行わなければなりません。

　　またこの場合，各体力要素の発育・発達に適した時期（著しく発育・発達する時期）の違いや年齢段階による各体力要素の重要度の違いについて理解しておくことが重要です。例え

ば，児童期は神経機能が著しく発達する時期であり，この時期に神経機能が関与するような動作や運動を積極的に行う必要があります。また，青年期は筋力に，成人および高齢者では心肺機能にそれぞれ優れていることが，発育・発達および健康の保持増進の点でより重要な意味をもちます。ひとつの要素をそれぞれ個別に診断するだけでなく，形態および諸機能における2つ以上の要因の関連から判断することも必要です。例えば，筋力は，体重という形態的要因の影響を受けますし，敏捷性は肥満や筋力の影響が考えられます。このように機能と形態との関連を検討することは，重要な診断の要点となります。

② 総合的な体力診断において考慮すべき要因

テストで評価できるのは，活動的な運動能力が中心です。総合的な体力診断には，それに関与する情報をできるだけ多く収集することが重要です。例えば，行動観察や問診，面接による観察なども含まれます。以下に，テストの結果を左右すると考えられる判定項目を示します。

1. 呼吸
2. 循環機能
3. 筋力
4. 筋パワー（瞬発力）
5. 筋持久力
6. 体型と姿勢
7. 発育・発達や栄養状態と食・住生活環境
8. 日常生活行動と動作パターン
9. 生育環境と指導体制
10. スポーツスキルの経験差
11. スポーツの体験度
12. 体力に関する知識と理解
13. 生活環境への適応

これらをすべて測定し，調査することが望まれますが，実際には困難です。しかし，体力診断には，少なくともこれだけの内容についての配慮を必要とし，テストの結果について総合的に診断する必要があります。

(2) 体力年齢による体力診断

高齢になっても，体力が優れている人は「若い」と判定することができます。すなわち，体力年齢とは，暦年齢とは別に体力の若さや充実度を表す尺度と考えられます。体力年齢が暦年齢よりも低ければ，体力が年齢よりも若いことを意味し，逆の場合は体力が年齢よりも老いていることを意味します。

体力年齢の基準をつくるには，対象年代の人が，どのような体力得点分布を示すかを確認する必要があります。簡便な方法として，総合体力得点と暦年齢との回帰直線を作成することにより，体力年齢を算出することができます。「新体力テスト」では，20歳～64歳を対象に体力年齢判定基準表を示しています。この判定基準では，総合得点より20歳から79歳までの体力年齢を5歳ごとに判定することができるようになっています。

(3) 体力要素の発達バランスによる体力診断

体力得点を例えば，図6-9のようにグラフに示し，そのパターンにより体力診断を行うことができます。ただし，同じパターンであっても，全体的な体力水準が異なれば，そのパターンの意味することが異なります。つまり，各体力要素の得点が高く（発達している）かつ発達バランスがとれていることが重要です。また，その年代において重要な体力要素が劣っていないことも大切です。したがって，常に，各体力要素の発達バランスと全体的な体力水準の両方か

図6-9 体力の発達バランス評価

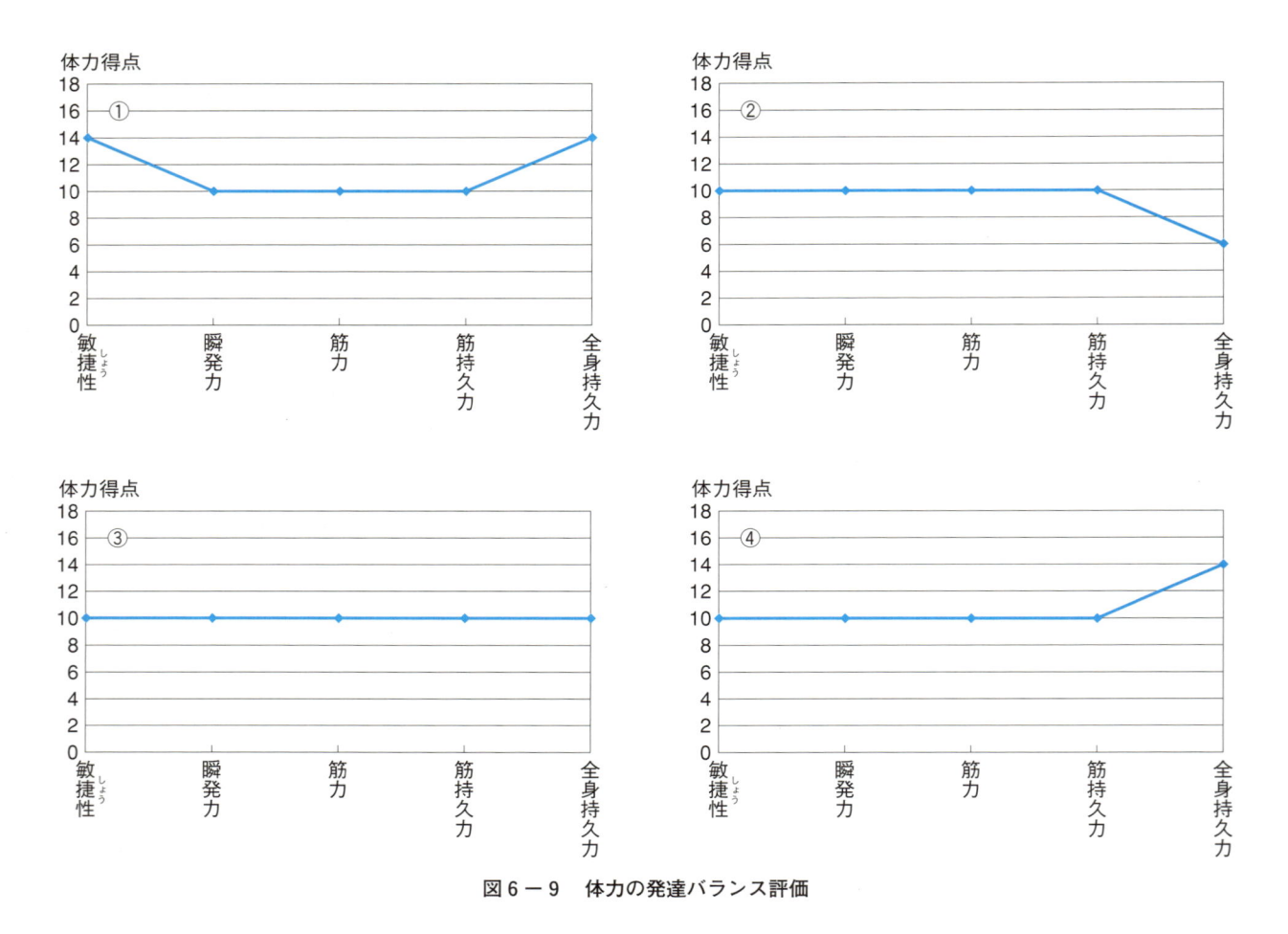

ら体力を評価し，適切な体力診断を行うことが重要です。

① 敏捷性および全身持久力が優れている場合

　全体的な体力水準が高い場合，一般的に望ましいパターンです。現代社会では日常の動作において要求されることの少ない敏捷性や全身持久力の要素が，他の体力要素と比較して高い水準で保持されています。体力水準が低い場合には，有酸素運動を実施しながら筋力トレーニングを行い，平均的な水準まで高める必要があります。

② 全身持久力が劣っている場合

　運動をある程度自分の生活の一部として実施していても，いわゆる全身持久力の保持に必要な十分な運動処方が行われていない人に多くみられます。健康の保持に最も重要な体力要素である全身持久力が劣っている成人および高齢者は，肥満傾向の人に多くみられます。総合得点が高く，体力年齢が暦年齢よりもはるかに若い場合でも，大いに注意を促す必要があります。

③ すべての体力要素が同水準の場合

　体力水準が全般に劣っている場合には，普段から運動を行わない人であると考えられます。このような人に対しては，身体運動の重要性や具体的方法について，くわしく指導する必要があります。一方，平均的水準以上ある場合は，バランスの良い体力であると評価できます。

④ 全身持久力が優れている場合

　全身持久力はいわゆる「スタミナ」に関わる能力で，健康つくりを目的とした運動処方

で頻繁に用いられる有酸素運動をどの程度実施できるかと深く関わります。この点で，全体的な体力水準が高い場合には，特に問題はありません。全体的な体力水準が低い場合，同程度の体力水準にある全身持久力が劣っている人より，全身持久力が優れる点で健康つくりに適した体力特性を有しているといえますが，筋力トレーニングによる筋力向上を図ることが必要です。

5　運動処方

　健康つくりのための運動処方（健康の保持増進など，ある目的のために運動を実施しようとする時，その目的を達成するために最も適した運動の内容を決めること）を行う場合，①安全性，②有効性，③個別性の基本条件に注意すべきです。第一に，運動処方はあくまで健康・体力の保持増進を目的としており，危険を伴うことは避けなければなりません。有効性に関しては，実施した運動処方が，健康状態や体力水準を改善するような効果が認められる，またはより効率的に効果が得られるものでなければなりません。トレーニング理論で示されている過負荷，特異性，可逆性の原理などに基づく効果が期待できる内容である必要があります。また，個別性の原則を踏まえ，実施者の年齢，運動経験，生活様式などの違いによる体力水準や健康状態，処方の目的および方法の個人差について十分に注意しなければなりません。特に，加齢に伴い体力面での個人差は大きくなることが多く，成人や高齢者では特別な配慮が必要です。また，全面性，意識性，漸進性，反復性の原則を踏まえ，実際に運動を実施する個人個人に，処方の目的や方法を十分に理解させることや常に動機を高めて行うことが重要となります。

(1)　運動処方の内容

　より効果的に健康・体力の保持増進をはかるには，具体的な運動について最低限度の内容（運動処方）を規定する必要があります。運動処方の作成には，個人の体力水準や年齢を考慮し，適切な運動様式（種目），運動強度，運動時間，運動頻度を決定する必要があります。

　①　運動様式：文部省保健体育審議会（平成9年）より示されている「体力つくりのための運動指針（参考案）」（表6-2）では，体力つくりのための運動として，有酸素運動に加えて，筋力や柔軟性を高めるための運動についても取り上げられています。各自の体力特性と運動処方の目的に合わせて運動種目を選択することが重要です。例えば，筋力が劣っている場合には，専用器具を用いたり，自分の体重を負荷にしたウェイトトレーニングや劣っている部位の筋力をよく使うような運動・スポーツを行います。また，柔軟性が劣っている場合には，ストレッチングや関節を大きく動かす運動が必要です。

　　健康つくりのための運動処方では，大筋（全身）を用いた有酸素運動で長時間行うことができる運動（歩行，ジョギング，水泳，サイクリング，縄とびなど）が多く用いられます。これらの運動は，同じ運動を長時間繰り返し行うことができるため，全身持久力を高めるのに適しています。

　②　運動強度：運動強度の指標には，ア．心拍数，イ．主観的運動強度（RPE），ウ．メッツ（Mets）などがあります。

　　ア．心拍数を利用する場合は，運動中の心拍数が最高心拍数の何％（％最高心拍数）に相当するかで表します。

表6-2 体力つくりのための運動指針（参考案）（文部省保健体育審議会，1997）

ライフステージ	呼吸循環機能を高め持久力を改善する運動（有酸素的運動）			筋力や柔軟性を高め筋肉の衰えを防ぐ運動	
	運動時の心拍数（基準となる%V̇o₂max※1）	運動の基準	運動の内容	筋力トレーニング（負荷の強さ※2）	体操
Ⅰ 乳幼児期	150～200拍／分 (70～95%V̇o₂max)	5～15分／日 週3日以上	走動作を含む戸外遊び		全身を使った遊び
児童期			水泳 走動作を含むスポーツ	低・中負荷 (最大負荷の30～60%)	身体の柔らかさや動きを高める運動
Ⅱ 青年期前期	140～200拍／分 (65～100%V̇o₂max)	10～30分／日 週3日以上	ウォーキング ジョギング 水泳 走動作を含むスポーツ	中・高負荷 (最大負荷の80～90%) 2日／週 10～30分／日	ストレッチング 体力を補強する運動など 5～30分／日
青年期後期	140～180拍／分 (65～90%V̇o₂max)				
Ⅲ 壮年期	20歳代後半 130～170拍／分 (65～85%V̇o₂max)	15～60分／日 週3日以上	ウォーキング ジョギング サイクリング 水泳 走動作を含むスポーツ	低・中負荷 (最大負荷の60～80%) 1～2日／週 10～30分／日	ストレッチング 健康や体力を高める体操など 5～30分／日
中年期	30・40歳代 120～145拍／分 (60～75%V̇o₂max) 50歳代 110～130拍／分 (50～65%V̇o₂max)				
Ⅳ 老年期前期 老年期後期	100～125拍／分 (50～65%V̇o₂max)	15～60分／日 週3日以上	ウォーキング 水泳 歩行動作を含むスポーツ	低負荷 (最大負荷の30～60%) 1～2日／週 10～30分／日	ストレッチング 健康や体力を高める体操など 5～30分／日

（注）各項目の下限～上限の数値は，効果的（下限）かつ安全に（上限）運動を行う上での強度，時間，回数の目安を示す。
※1 %V̇o₂maxは，最大酸素摂取量に対する相対的負荷強度を示す。
※2 筋力トレーニングの最大負荷とは，最大筋力または1RM（最大1回だけ持ち上げることのできる重さ）を基準とする。
　低負荷とは，何回でも繰り返すことができる強さ。
　中負荷とは，10回程度繰り返すことができる強さ。
　高負荷とは，1～3回程度繰り返すことができる強さ。

%最高心拍数＝（運動中の心拍数／最高心拍数）×100

アメリカスポーツ医学会では，成人の場合，65～90%が適度な運動強度の範囲としています。

イ．主観的運動強度（RPE）は，運動時に自覚される主観的なつらさに基づく方法で，表6-3のような判定表が示されています。RPEの特徴は，値の10倍がほぼ心拍数に相当するように工夫されている点です。この方法の場合，心拍数を測定しなくても運動強度が設定できる点で有効です。

ウ．メッツ（Mets）は，運動代謝を安静代謝に対する倍率で表す指数で，最近，国際的

に広く用いられています。

　　メッツ＝運動代謝÷安静代謝

　1メッツは安静代謝に相当し，平均的には，毎分体重1kg当たり3.5ml（3.5ml/kg・分）です。したがって，体重60kgの人にとって，1メッツは，

　　3.5ml/kg・分×60kg＝210ml/分

の酸素消費量になります。

　なお，有酸素運動の場合，1リットルの酸素消費は約5kcalのエネルギー発生に相当します。したがって，1メッツのエネルギー価は，

　　3.5ml/kg・分×0.005kcal/ml＝0.0175kcal/kg・分

となります。したがって，体重60kgの人が4メッツの運動を30分間行えば，

　　0.0175kcal/kg・分×4メッツ×60kg×30分＝126kcal

のエネルギーを消費したことになります。

　また，体重60kgの人が，30分間で150kcalのエネルギーを消費するためには，

　　150kcal÷（60kg×30分×0.0175kcal/kg・分）＝4.76メッツ

の運動をすればよいことになります。

　主なスポーツ活動のメッツを表6－4に示しました。

③　運動時間：運動量は運動時間と運動強度の積で求められることから，1日の必要運動量を実施する際の運動時間は，運動強度により異なります。表6－5には，成人男性が200kcalを消費するのに要する時間の目安を示しています。アメリカスポーツ医学会では，1日に有酸素運動を20～60分行うことを推奨しています。

④　運動頻度：運動様式，運動強度，運動時間を決めることにより，1回の運動を実施することは可能ですが，この運動を健康・体力つくりのために継続的に実施するには，適切な運動頻度を決める必要があります。運動の効果と疲労の蓄積との関係により運動頻度が決定されますが，週1回の運動では十分な効果は得られません。週2回の場合には若干の効果が期待できます。運動頻度が週3～4回以上の場合に運動効果が期待できるとされています。運動頻度を週5日以上に増や

表6－3　主観的運動強度（RPE）
（小野寺と宮下，1976：Borg, 1973をもとに）

6	
7	非常に楽である
8	
9	かなり楽である
10	
11	楽である
12	
13	ややきつい
14	
15	きつい
16	
17	かなりきつい
18	
19	非常にきつい
20	

表6－4　いろいろな運動のメッツ
（Pollockら，1978）

運動の種類		メッツ
歩　行	3km／時	2
	4km／時	2.5
	5km／時	3
	6km／時	3.5
ランニング	9km／時	8.5
	10km／時	10
	11km／時	11.5
	12km／時	13
自　転　車		3～8
水　　泳		4～8
テ　ニ　ス		4～9
バレーボール		3～6
サッカー		5～12
ハイキング		3～7
ゴ　ル　フ		4～7
つ　　り		2～4
美容体操		3～8
ボウリング		2～4
バドミントン		4～9

表6－5　成人男性が約200kcalを消費するのに要する時間の目安

歩行（70～80m／分）	60分	野球	70分
急歩（90～100m／分）	40分	ゲートボール	100分
ジョギング（140m／分）	30分	サイクリング	60分
卓球・バドミントン	40分	水中歩行（ゆっくり）	60分
テニス・バレーボール	30分	水中歩行（速く）	30分

した場合にはさらに効果が期待できますが，疲労の蓄積が大きくなると事故の原因となるため，休息日を入れることが重要です。ただし，運動の実施頻度は個人を取り巻く制約条件などを十分に考慮したうえで決定すべきです。

(2) 運動処方の手順

運動処方は所定の手順にしたがって実行する必要があり，一般に，医学的検査→運動負荷検査→「新体力テスト」→運動処方の作成・実施→再検査といった手順で行われます（図6−10）。運動処方を実行するまでの過程において，運動前または運動中に身体的な異常が発見された場合には，運動を実施するのは適切ではありません。また運動負荷検査および体力テスト実施の前に医学的検査を十分に行っておくことは極めて重要です。運動処方の段階では，事前の医学的・体力科学的検査の結果を十分に考慮したうえで運動を処方すること，および実施した運動の効果を確認し，必要に応じて処方の修正を行うことが重要です。

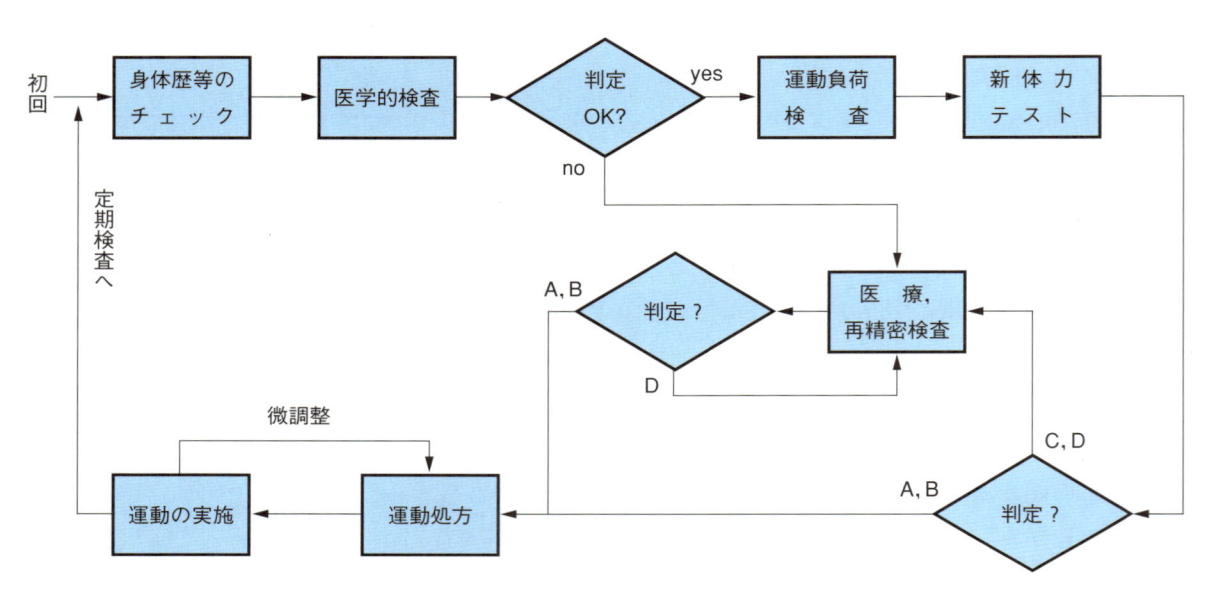

A：異常なし　　B：異常があるが支障なし　　C：要精密検査　　D：要治療

図6−10　運動処方の手順

【参考文献】

▶ アメリカスポーツ医学会（編），日本体力医学会体力科学編集委員会（監訳）『運動処方の指針　運動負荷試験と運動プログラム』（原著第5版），南江堂，1997
▶ American College of Sports Medicine "The recommended quantity and quality of exercise for developing and maintaining cardiorespiratory and muscular fitness, and flexibility in healthy adults" *Med. Sci. Sports Exerc.* 30：975−991, 1998
▶ 日本体育学会測定評価専門分科会『体力の診断と評価』大修館書店，1987

第7章
諸外国の体力テスト

　体力は，時代や社会によってそのとらえ方が異なりますが，一般的に人間の活動や生存の基礎となる身体能力ととらえられています。文部省の体力・運動能力調査は，昭和39年から「スポーツテスト」として始められました。6歳から59歳までの国民を対象とした体力テストの実施と歴史は，世界でも例がなく，国際的にも高く評価されています。最近では，体力テストそのものの意義が健康関連に重点を置いたものへと，その改革が論議されていますが，ここでは新体力テストの開発とその内容を検証する意味で，世界の体力テストの動向を紹介します。

1　北米における体力テスト

　アメリカでは，大統領体力・スポーツ審議会（PCPFS）がフィットネス運動の中心的役割を担ってきました。そのきっかけとなったのが，1954年に発表された「クラウス・ウェーバー・テスト」と呼ばれる体力テストでした（KrausとHirschland, 1954）。同テストは，青少年の筋力や柔軟性などの6種目を測定する体力テストでしたが，アメリカの青少年の体力がヨーロッパ諸国と比較して，著しく劣っていることが明らかになりました。その結果，1956年にPCPFSの前身である「青少年の体力に関する大統領審議会」が設立されました。このように，アメリカにおける体力テストの対象は青少年が最初で，その実施がフィットネス運動のきっかけになっています。

　かつて体力は，運動能力と同義で考えられてきましたが，最近では，日常生活の健康を支える基盤としての健康関連体力のもつ意味が重要であると考えられるようになってきました。表7－1は，アメリカの青少年体力テストの変化を示したものです。

表7－1　アメリカの青少年体力テストにおけるテスト項目

1958年制定	1980年の追加項目
懸垂（少年）	1マイル走または9分走
斜め持続懸垂（少女）	上腕三頭筋および肩甲背部
上体起こし	の皮脂厚の和
シャトルラン	長座体前屈
立ち幅とび	
50ヤードダッシュ	
ソフトボール投げ	
600ヤード走・歩	

また，高齢化の進行とともに，欧米諸国においては高齢者の体力テストの開発に関心が集まっています。健康関連体力の概念の誕生は，こういった社会的背景から生まれたものです。さらに，「高齢者にとっては，日常生活を過ごすための体力の保持が重要である」との認識から，日常生活活動の能力を測定するADLの研究が盛んに行われています。

　アメリカ保健体育レクリエーション・ダンス学会は，高齢者向けに次の5種目からなる体力テストを提案しています。それは，①長座体前屈（柔軟性），②8の字歩行（敏捷性・動的平衡性），③ジュース缶の置き換え（協調性），④連続上腕屈伸（筋力・筋持久力），⑤0.5マイル歩行（全身持久力）です。また，5種目の改善項目も検討されており，8の字歩行の代わりに，「急歩テスト」，0.5マイルを完歩できない高齢者のために「9分間歩行」などが提案されています。

　カナダは，生涯にわたるフィットネス運動の盛んな国ですが，連邦政府と州政府，そしてフィットネス活動の非営利広報団体である「パーティシパクション（PARTICIPaction）」がフィットネス振興の中心的役割を担っています。パーティシパクションは1972年に設立され，最初に行ったキャンペーンが"30歳のカナダ人の体力は，60歳のスウェーデン人の体力よりも劣っている。だから，あなたも規則的な運動・スポーツの実施を！"というものでした。カナダでも，生涯スポーツの振興のベースが，アメリカと同様に体力テストの測定結果であることがわかります。

　カナダでは，子ども（7歳〜17歳）を対象にした「カナダ体力章」テストと15歳から69歳までを対象にした「カナダ標準体力テスト」の2つが実施されてきました。表7－2は，カナダ体力章の測定項目と顕彰レベルを示しています。

表7－2　カナダ体力章の測定項目の顕彰

測定項目	レベル（パーセンタイル順位）
腕立伏臥腕屈伸 シャトルラン 上体起こし 立ち幅とび 50m走 持久走（800m，1600m，2400m）	優秀賞（85位） 金賞（75位） 銀賞（50位） 銅賞（15位）

　カナダ標準体力テストにおいては，体力を次のように定義しています。「体力のある人は，活動的・主体的な生活ができ，余暇活動を楽しむための十分なエネルギーをもっており，予測できないような緊急事態にも対応できる能力をもっている」。この定義から，カナダ人の「労働は余暇を楽しむためのものである」という，価値観と生活スタイルがうかがうことができます。

　表7－3は，カナダ標準体力テストの測定項目を示しています。カナダでは，1981年と1988年において，カナダ国立フィットネス・ライフスタイル研究所が中心になり，国民のライフスタイルに関する縦断的研究を実施し，世界的な注目を集めました。これは，スポーツ参加，健康状態，およびライフスタイルに関する質問調査とカナダ標準体力テストを同一集団に実施したものです。その結果，規則的な運動・スポーツ実施が健康状態の改善に貢献すると同時に，クオリティ・オブ・ライフ（生活の質）を高めることを実証しています。

表7-3　カナダ標準体力テストの測定項目

〈形態測定〉
体重　身長　BMI
胸囲　ウエスト　ヒップ　大腿囲　ウエスト・ヒップ比
皮脂厚（5点法・2点法）　体脂肪率
〈体力測定〉
有酸素能力：カナダ・有酸素能力テスト
　　運動（ステップテスト）前後の心拍数の変化から$\dot{V}O_2max$の推定
筋力：握力
筋持久力：腕立伏臥腕屈伸
　　　　　上体起こし（60秒法）
柔軟性：長座体前屈

2　ヨーロッパにおける体力テスト

　ヨーロッパは，ヨーロッパ連合（EU）の誕生とともに，ボーダレス化が進んでいます。体力テストにおいても統合が図られ，ベルギーとオランダが中心になって，EUスポーツ振興委員会により「ユーロフィット（EUROFIT）」という体力テストが開発されています。
　1988年には，「体力評価のためのユーロフィット」と題したハンドブックが発表され，6歳から18歳までの児童生徒の体力テストを学校レベルで実施することを奨励しています。
　表7-4は，児童生徒のためのユーロフィットの測定項目を示しています（水野，1997）。このテストの特徴は，全身持久力の測定に，「新体力テスト」で導入された「20mシャトルラン（往復持久走）」か自転車エルゴメータPWC_{170}を採用していることです。現在，成人・壮年用の体力テストの完成が，最終段階を迎えているといわれています。

表7-4　ユーロフィットにおける体力測定の種目

項目	要素	種目
体格・身体組成		身長
		体重
		皮下脂肪厚（上腕二頭筋，上腕三頭筋，肩甲骨下部，腸骨上部，腓腹筋内側頭）
全身持久性	心臓・循環器系持久性	20mシャトルランあるいは
		自転車エルゴメータPWC_{170}
筋力	静的筋力	握力
	瞬発的筋力	立ち幅とび
筋持久性	腕筋持久力	腕曲げ懸垂時間
	体幹筋持久力	上体起こし（30秒間の回数）
敏捷性	全身敏捷性	往復走（5m×10回）
	腕敏捷性	タッピング
柔軟性	柔軟性	長座体前屈
バランス	全身バランス	開眼片足立ち

3　アジアにおける体力テスト

　アジア諸国においても，それぞれ独自の体力テストが開発され，主に青少年を対象に実施されています（桜井，1997）。中国では，小・中学生を対象に「国家体育鍛錬標準」が実施されており，50m走，立ち幅とび，懸垂，上体起こし，1500m走（女子は800m走）の5種目が測定されています。また，7歳から22歳の児童，生徒，学生を対象に，ほぼ10年ごとに4領域20項目からなる「全国学生体質健康調研」が実施されています。中国においても，最近では，学生の体力低下や肥満学生の割合が増えているという報告もあります。

　韓国では，児童生徒を対象にした「体力章制度」という体力テストが実施されています。台湾では，小学校から大学生までを対象にした「中華民国学生体能測験」が行われています。マレーシアでは，成人を対象にした「マレーシア体力テスト」が制定されており，その表彰プログラムも用意されています。

　シンガポールでは，"スポーツ・フォー・ライフ"（SFL）という生涯スポーツの全国キャンペーンに3つの体力テストが活用されています。ひとつは「SFLウォーク」という2kmの歩行テスト，もうひとつは「SFLラン」という2.4kmの持久走テストで，タイムにより持久力が評価されます。そして，総合的な「全国体力章」テストでは，6種目のテストにより，筋力，柔軟性，持久力，筋パワー（瞬発力），敏捷性が判定できるようになっています。

　このように，アジアでは主に青少年を対象にして，アメリカや日本の体力テストを参考にして実施されています。最近では，シンガポールやマレーシアのように対象を成人に広げた体力テストが開発されるようになっています。欧米諸国でも体力テストが行われているものの標本数は限定されており，日本の「体力・運動能力調査」のように，6歳から59歳までの8万人の標本数をもつ体力テストは，世界でも例がありません。「新体力テスト」は，6歳から79歳まで対象者を広げ，個人の時系列的変化も共通テスト項目により把握することができるなど，世界でも画期的な体力テストであるといえるでしょう。

（注）　本章の内容は，平成12年4月当時の資料等に基づき解説しており，その後の各国の体力テストの動向については反映されておりません。

【参考文献】
▶水野真佐夫「ヨーロッパ諸国での体力テスト」体育の科学47：869-873，1997
▶桜井伸二「アジアの国々の体力テスト」体育の科学47：875-878，1997

資　料
「新体力テスト実施要項」
およびQ&A

1. 6歳〜11歳対象

2. 12歳〜19歳対象

3. 20歳〜64歳対象

4. 65歳〜79歳対象

1. 6歳〜11歳対象

I　テストの対象

6歳から11歳まで（小学校全学年）の男女児童

II　テスト項目

握力
上体起こし
長座体前屈
反復横とび
20m シャトルラン（往復持久走）
50m 走
立ち幅とび
ソフトボール投げ

III　テストの得点表および総合評価

項目別得点表
総合評価基準表

IV　実施上の一般的注意

握　力

1　準備

　　スメドレー式握力計。

2　方法

（1）　握力計の指針が外側になるように持ち，図のように握る。この場合，人差し指の第2関節が，ほぼ直角になるように握りの幅を調節する。

（2）　直立の姿勢で両足を左右に自然に開き腕を自然に下げ，握力計を身体や衣服に触れないようにして力いっぱい握りしめる。この際，握力計を振り回さないようにする。

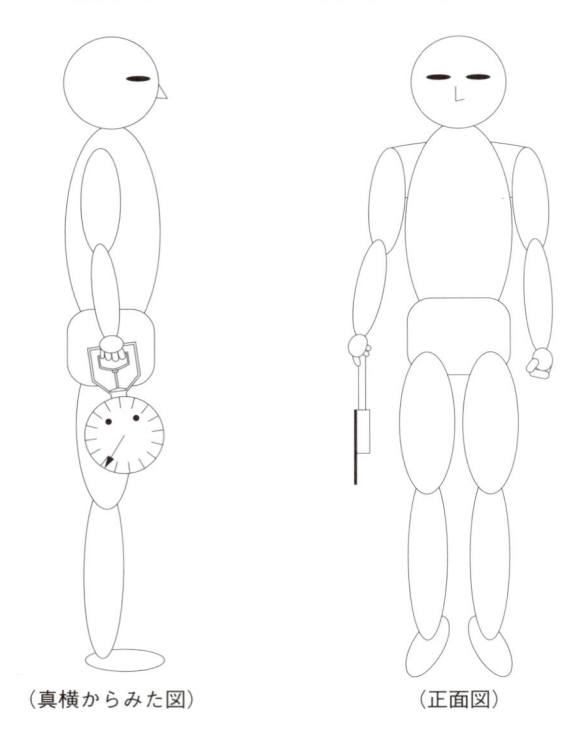

（真横からみた図）　　　（正面図）

3　記録

（1）　右左交互に2回ずつ実施する。

（2）　記録はキログラム単位とし，キログラム未満は切り捨てる。

（3）　左右おのおののよい方の記録を平均し，キログラム未満は四捨五入する。

4　実施上の注意

（1）　このテストは，右左の順に行う。

（2）　このテストは，同一被測定者に対して2回続けて行わない。

（3）　握力計は，児童用のものを使用することが望ましい。

上体起こし

1 準備
ストップウォッチ，マット。

2 方法
(1) マット上で仰臥姿勢をとり，両手を軽く握り，両腕を胸の前で組む。両膝の角度を90°に保つ。
(2) 補助者は，被測定者の両膝をおさえ，固定する。
(3) 「始め」の合図で，仰臥姿勢から，両肘と両大腿部がつくまで上体を起こす。
(4) すばやく開始時の仰臥姿勢に戻す。
(5) 30秒間，前述の上体起こしを出来るだけ多く繰り返す。

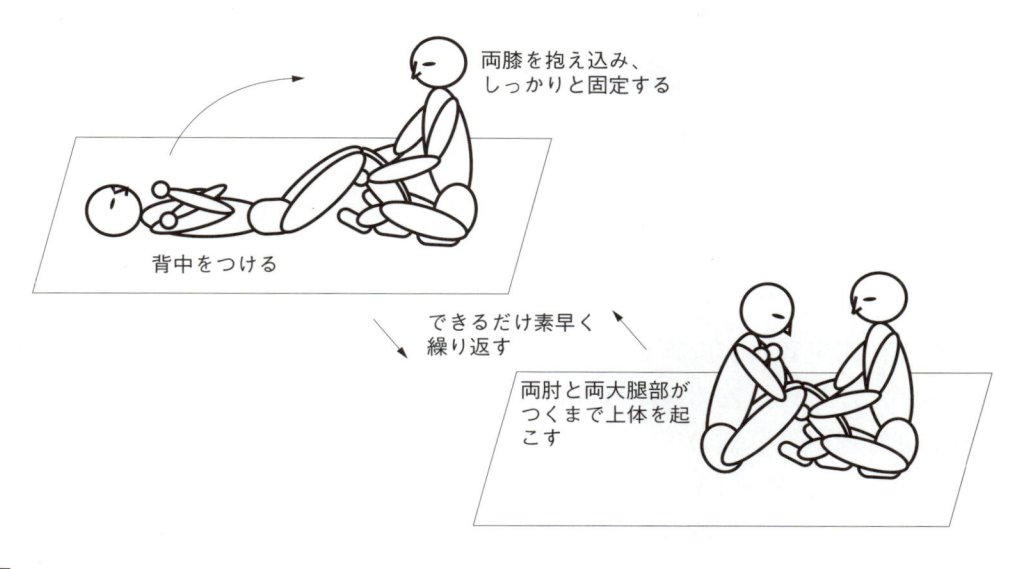

3 記録
(1) 30秒間の上体起こし（両肘と両大腿部がついた）回数を記録する。
ただし，仰臥姿勢に戻したとき，背中がマットにつかない場合は，回数としない。
(2) 実施は1回とする。

4 実施上の注意
(1) 両腕を組み，両脇をしめる。仰臥姿勢の際は，背中（肩甲骨）がマットにつくまで上体を倒す。
(2) 補助者は被測定者の下肢が動かないように両腕で両膝をしっかり固定する。しっかり固定するために，補助者は被測定者より体格が大きい者が望ましい。
(3) 被測定者と補助者の頭がぶつからないように注意する。
(4) 被測定者のメガネは，はずすようにする。

長座体前屈

1　準備

幅約22cm・高さ約24cm・奥行き約31cmの箱2個（Ａ４コピー用紙の箱など），段ボール厚紙1枚（横75～80cm×縦約31cm），ガムテープ，スケール（1m巻き尺または1mものさし）。

高さ約24cmの箱を，左右約40cm離して平行に置く。その上に段ボール厚紙をのせ，ガムテープで厚紙と箱を固定する（段ボール厚紙が弱い場合は，板などで補強してもよい）。床から段ボール厚紙の上面までの高さは，25cm（±1cm）とする。右または左の箱の横にスケールを置く。

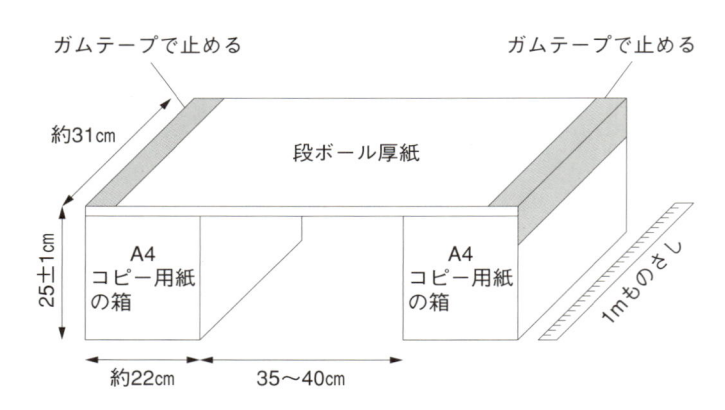

2　方法

(1) 初期姿勢：被測定者は，両脚を両箱の間に入れ，長座姿勢をとる。壁に背・尻をぴったりとつける。ただし，足首の角度は固定しない。肩幅の広さで両手のひらを下にして，手のひらの中央付近が，厚紙の手前端にかかるように置き，胸を張って，両肘を伸ばしたまま両手で箱を手前に十分引きつけ，背筋を伸ばす。

(2) 初期姿勢時のスケールの位置：初期姿勢をとったときの箱の手前右または左の角に零点を合わせる。

(3) 前屈動作：被測定者は，両手を厚紙から離さずにゆっくりと前屈して，箱全体を真っ直ぐ前方にできるだけ遠くまで滑らせる。このとき，膝が曲がらないように注意する。最大に前屈した後に厚紙から手を離す。

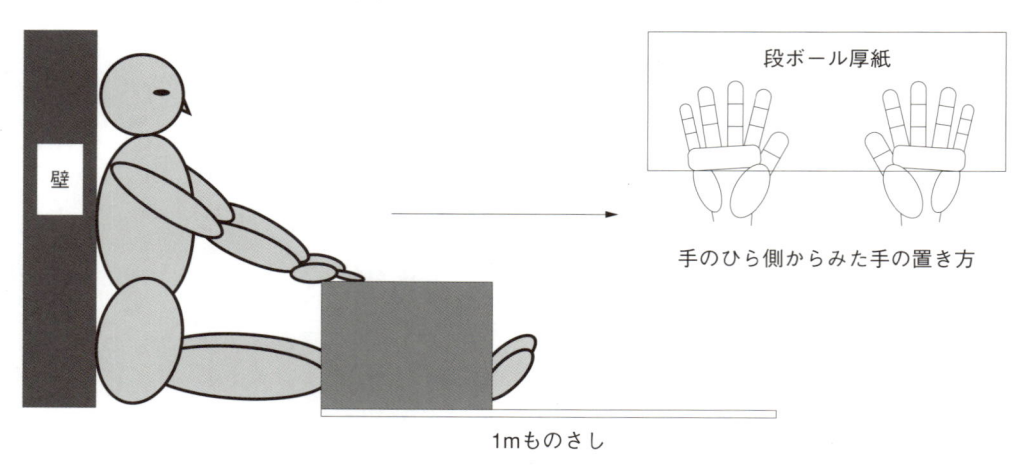

3　記録

(1) 初期姿勢から最大前屈時の箱の移動距離をスケールから読み取る。

(2) 記録はセンチメートル単位とし，センチメートル未満は切り捨てる。
(3) 2回実施してよい方の記録をとる。

4　実施上の注意
(1) 前屈姿勢をとったとき，膝が曲がらないように気をつける。
(2) 箱が真っ直ぐ前方に移動するように注意する（ガイドレールを設けてもよい）。
(3) 箱がスムーズに滑るように床面の状態に気をつける。
(4) 靴を脱いで実施する。

反復横とび

1 準備
床の上に，図のように中央ラインをひき，その両側100cmのところに2本の平行ラインをひく。
ストップウォッチ。

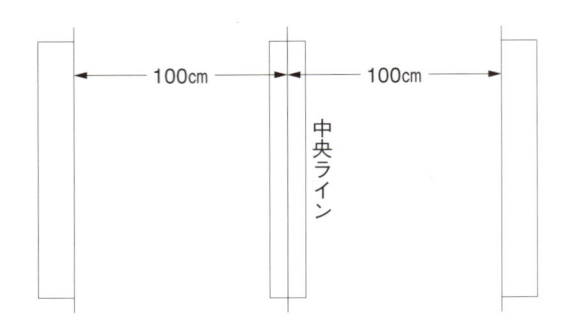

2 方法
中央ラインをまたいで立ち，「始め」の合図で右側のラインを越すか，または，踏むまでサイドステップし（ジャンプしてはいけない），次に中央ラインにもどり，さらに左側のラインを越すかまたは触れるまでサイドステップする。

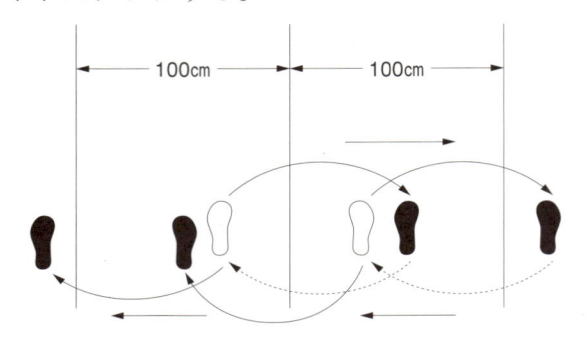

3 記録
(1) 上記の運動を20秒間繰り返し，それぞれのラインを通過するごとに1点を与える（右，中央，左，中央で4点になる）。
(2) テストを2回実施してよい方の記録をとる。

4 実施上の注意
(1) 屋内，屋外のいずれで実施してもよいが，屋外で行う場合は，よく整地された安全で滑りにくい場所で実施すること（コンクリート等の上では実施しない）。
(2) このテストは，同一の被測定者に対して続けて行わない。
(3) 次の場合は点数としない。
　ア　外側のラインを踏まなかったり越えなかったとき。
　イ　中央ラインをまたがなかったとき。

20m シャトルラン（往復持久走）

1 準備
テスト用 CD またはテープ及び再生用プレーヤー。20m 間隔の 2 本の平行線。ポール 4 本を平行線の両端に立てる。

2 方法
(1) プレーヤーにより CD（テープ）再生を開始する。

(2) 一方の線上に立ち，テストの開始を告げる 5 秒間のカウントダウンの後の電子音によりスタートする。

(3) 一定の間隔で 1 音ずつ電子音が鳴る。電子音が次に鳴るまでに20m 先の線に達し，足が線を越えるか，触れたら，その場で向きを変える。この動作を繰り返す。電子音の前に線に達してしまった場合は，向きを変え，電子音を待ち，電子音が鳴った後に走り始める。

(4) CD（テープ）によって設定された電子音の間隔は，初めはゆっくりであるが，約 1 分ごとに電子音の間隔は短くなる。すなわち，走速度は約 1 分ごとに増加していくので，できる限り電子音の間隔についていくようにする。

(5) CD（テープ）によって設定された速度を維持できなくなり走るのをやめたとき，または，2 回続けてどちらかの足で線に触れることができなくなったときに，テストを終了する。なお，電子音からの遅れが 1 回の場合，次の電子音に間に合い，遅れを解消できれば，テストを継続することができる。

3 記録
(1) テスト終了時（電子音についていけなくなった直前）の折り返しの総回数を記録とする。ただし，2 回続けてどちらかの足で線に触れることができなかったときは，最後に触れることができた折り返しの総回数を記録とする。

(2) 折り返しの総回数から最大酸素摂取量を推定する場合は，参考「20m シャトルラン（往復持久走）最大酸素摂取量推定表」を参照すること。

4 実施上の注意
(1) ランニングスピードのコントロールに十分注意し，電子音の鳴る時には，必ずどちらかの線上にいるようにする。CD（テープ）によって設定された速度で走り続けるようにし，走り続けることができなくなった場合は，自発的に退くことを指導しておく。

(2) テスト実施前のウォーミングアップでは，足首，アキレス腱，膝などの柔軟運動（ストレッチングなどを含む）を十分に行う。

(3) テスト終了後は，ゆっくりとした運動等によるクーリングダウンをする。

(4) 被測定者に対し，最初のランニングスピードがどの程度か知らせる。

(5) CD プレーヤー使用時は，音がとんでしまうおそれがあるので，走行場所から離して置く。

(6) 被測定者の健康状態に十分注意し，疾病及び傷害の有無を確かめ，医師の治療を受けている者や実施が困難と認められる者については，このテストを実施しない。

20m シャトルラン（往復持久走） 記録用紙

レベル														
レベル1	1	2	3	4	5	6	7							
レベル2	8	9	10	11	12	13	14	15						
レベル3	16	17	18	19	20	21	22	23						
レベル4	24	25	26	27	28	29	30	31	32					
レベル5	33	34	35	36	37	38	39	40	41					
レベル6	42	43	44	45	46	47	48	49	50	51				
レベル7	52	53	54	55	56	57	58	59	60	61				
レベル8	62	63	64	65	66	67	68	69	70	71	72			
レベル9	73	74	75	76	77	78	79	80	81	82	83			
レベル10	84	85	86	87	88	89	90	91	92	93	94			
レベル11	95	96	97	98	99	100	101	102	103	104	105	106		
レベル12	107	108	109	110	111	112	113	114	115	116	117	118		
レベル13	119	120	121	122	123	124	125	126	127	128	129	130	131	
レベル14	132	133	134	135	136	137	138	139	140	141	142	143	144	
レベル15	145	146	147	148	149	150	151	152	153	154	155	156	157	
レベル16	158	159	160	161	162	163	164	165	166	167	168	169	170	171
レベル17	172	173	174	175	176	177	178	179	180	181	182	183	184	185
レベル18	186	187	188	189	190	191	192	193	194	195	196	197	198	199	200
レベル19	201	202	203	204	205	206	207	208	209	210	211	212	213	214	215
レベル20	216	217	218	219	220	221	222	223	224	225	226	227	228	229	230	231
レベル21	232	233	234	235	236	237	238	239	240	241	242	243	244	245	246	247

レベル	折り返し回数
レベル14	132

折り返すごとに，∨点を入れる。

50m 走

1 準備
図のような50m直走路，スタート合図用旗，ストップウォッチ。

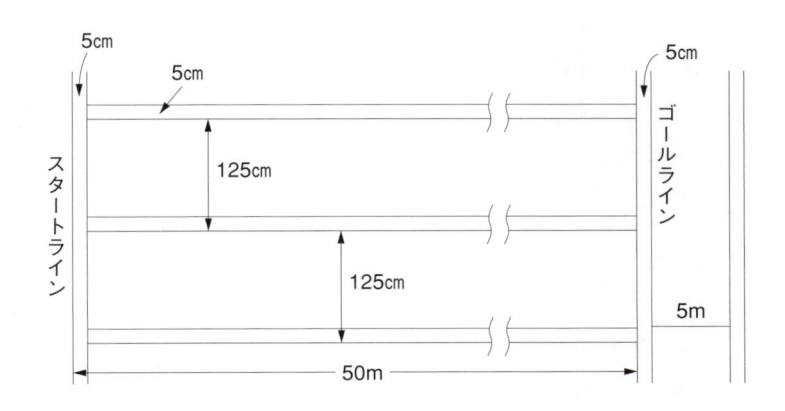

2 方法
(1) スタートは，スタンディングスタートの要領で行う。
(2) スタートの合図は，「位置について」，「用意」の後，音または声を発すると同時に旗を下から上へ振り上げることによって行う。

3 記録
(1) スタートの合図からゴールライン上に胴（頭，肩，手，足ではない）が到達するまでに要した時間を計測する。
(2) 記録は1／10秒単位とし，1／10秒未満は切り上げる。
(3) 実施は1回とする。

4 実施上の注意
(1) 走路は，セパレートの直走路とし，曲走路や折り返し走路は使わない。
(2) 走者は，スパイクやスターティングブロックなどを使用しない。
(3) ゴールライン前方5mのラインまで走らせるようにする。

立ち幅とび

1 準備

　屋外で行う場合

　　砂場，巻き尺，ほうき，砂ならし。

　　砂場の手前（30cm〜1m）に踏み切り線を引く。

　屋内で行う場合

　　マット（6m程度），巻き尺，ラインテープ。

　　マットを壁に付けて敷く。

　　マットの手前（30cm〜1m）の床にラインテープを張り踏み切り線とする。

2 方法

（1）両足を軽く開いて，つま先が踏み切り線の前端にそろうように立つ。

（2）両足で同時に踏み切って前方へとぶ。

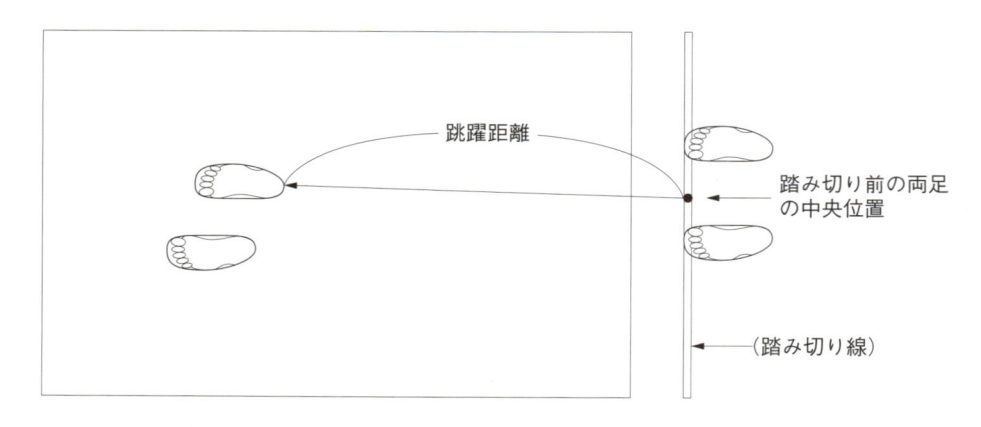

3 記録

（1）身体が砂場（マット）に触れた位置のうち，最も踏み切り線に近い位置と，踏み切り前の両足の中央の位置（踏み切り線の前端）とを結ぶ直線の距離を計測する（上図参照）。

（2）記録はセンチメートル単位とし，センチメートル未満は切り捨てる。

（3）2回実施してよい方の記録をとる。

4 実施上の注意

（1）踏み切り線から砂場（マット）までの距離は，被測定者の実態によって加減する。

（2）踏み切りの際には，二重踏み切りにならないようにする。

（3）屋外で行う場合，踏み切り線周辺及び砂場の砂面は，できるだけ整地する。

（4）屋内で行う場合，着地の際にマットがずれないように，テープ等で固定するとともに，片側を壁につける。滑りにくい（ずれにくい）マットを用意する。

（5）踏み切り前の両足の中央の位置を任意に決めておくと計測が容易になる。

ソフトボール投げ

1 準備
ソフトボール1号（外周26.2cm～27.2cm，重さ136g～146g），巻き尺。

平坦な地面上に直径2mの円を描き，円の中心から投球方向に向かって，中心角30度になるように直線を図のように2本引き，その間に同心円弧を1m間隔に描く。

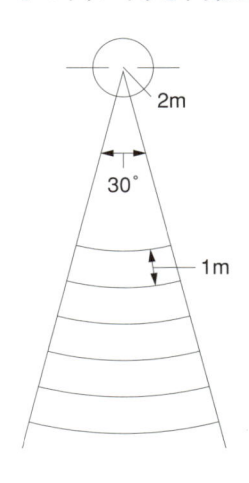

2 方法
(1) 投球は地面に描かれた円内から行う。
(2) 投球中または投球後，円を踏んだり，越したりして円外に出てはならない。
(3) 投げ終わったときは，静止してから，円外に出る。

3 記録
(1) ボールが落下した地点までの距離を，あらかじめ1m間隔に描かれた円弧によって計測する。
(2) 記録はメートル単位とし，メートル未満は切り捨てる。
(3) 2回実施してよい方の記録をとる。

4 実施上の注意
(1) 投球のフォームは自由であるが，できるだけ「下手投げ」をしない方がよい。また，ステップして投げたほうがよい。
(2) 30度に開いた2本の直線の外側に石灰などを使って5mおきにその距離を表す数字を地面に書いておくと便利である。

テストの得点表および総合評価

(1) 項目別得点表により，記録を採点する。
(2) 各項目の得点を合計し，総合評価をする。

項目別得点表

男子

得点	握力	上体起こし	長座体前屈	反復横とび	20mシャトルラン	50m走	立ち幅とび	ソフトボール投げ	得点
10	26kg以上	26回以上	49cm以上	50点以上	80回以上	8.0秒以下	192cm以上	40m以上	10
9	23～25	23～25	43～48	46～49	69～79	8.1～8.4	180～191	35～39	9
8	20～22	20～22	38～42	42～45	57～68	8.5～8.8	168～179	30～34	8
7	17～19	18～19	34～37	38～41	45～56	8.9～9.3	156～167	24～29	7
6	14～16	15～17	30～33	34～37	33～44	9.4～9.9	143～155	18～23	6
5	11～13	12～14	27～29	30～33	23～32	10.0～10.6	130～142	13～17	5
4	9～10	9～11	23～26	26～29	15～22	10.7～11.4	117～129	10～12	4
3	7～8	6～8	19～22	22～25	10～14	11.5～12.2	105～116	7～9	3
2	5～6	3～5	15～18	18～21	8～9	12.3～13.0	93～104	5～6	2
1	4kg以下	2回以下	14cm以下	17点以下	7回以下	13.1秒以上	92cm以下	4m以下	1

女子

得点	握力	上体起こし	長座体前屈	反復横とび	20mシャトルラン	50m走	立ち幅とび	ソフトボール投げ	得点
10	25kg以上	23回以上	52cm以上	47点以上	64回以上	8.3秒以下	181cm以上	25m以上	10
9	22～24	20～22	46～51	43～46	54～63	8.4～8.7	170～180	21～24	9
8	19～21	18～19	41～45	40～42	44～53	8.8～9.1	160～169	17～20	8
7	16～18	16～17	37～40	36～39	35～43	9.2～9.6	147～159	14～16	7
6	13～15	14～15	33～36	32～35	26～34	9.7～10.2	134～146	11～13	6
5	11～12	12～13	29～32	28～31	19～25	10.3～10.9	121～133	8～10	5
4	9～10	9～11	25～28	25～27	14～18	11.0～11.6	109～120	6～7	4
3	7～8	6～8	21～24	21～24	10～13	11.7～12.4	98～108	5	3
2	4～6	3～5	18～20	17～20	8～9	12.5～13.2	85～97	4	2
1	3kg以下	2回以下	17cm以下	16点以下	7回以下	13.3秒以上	84cm以下	3m以下	1

総合評価基準表

段階	6歳	7歳	8歳	9歳	10歳	11歳	段階
A	39以上	47以上	53以上	59以上	65以上	71以上	A
B	33～38	41～46	46～52	52～58	58～64	63～70	B
C	27～32	34～40	39～45	45～51	50～57	55～62	C
D	22～26	27～33	32～38	38～44	42～49	46～54	D
E	21以下	26以下	31以下	37以下	41以下	45以下	E

実施上の一般的注意

1. テスト実施に当たっては，被測定者の健康状態を十分把握し，事故防止に万全の注意を払う。
   特に，医師から運動を禁止または制限されている者はもちろん，当日身体の異常（発熱，倦怠感など）を訴える者には行わない。
   なお，１年生については，健康診断実施後に行う。
2. テストは定められた方法のとおり正確に行う。
   また，低学年の場合は，あらかじめテスト運動に慣らしておくことが望ましい。
3. テスト前後には，適切な準備運動及び整理運動を行う。
4. テスト場の整備，器材の点検を行う。
5. テストの順序は定められてはいないが，20mシャトルラン（往復持久走）は最後に実施する。
6. 計器（握力計，ストップウォッチなど）は正確なものを使用し，その使用を誤らないようにする。すべての計器は使用前に検定することが望ましい。

**新体力テスト（6歳～11歳）
記録用紙**

スポーツ庁

記入上の注意
〔児童の実態に応じて測定者が質問事項等の説明をしてください。〕

1）「住所」は，居住地の都道府県名を記入してください。
2）「年齢」は，調査実施年度の4月1日現在の満年齢を記入してください。
3）「都市階級区分」については，居住地が次のいずれにあてはまるかを判断し，その番号を○で囲んでください。
　⑴　大・中都市…人口15万人以上の市，政令指定都市。
　⑵　小都市………人口15万人未満の市。
　⑶　町村
4）「運動・スポーツの実施状況」及び「1日の運動・スポーツ実施時間」については，学校の体育の授業を除いた運動・スポーツの実施状況及び実施時間についてあてはまる番号を○で囲んでください。
5）その他については，あてはまる番号を○で囲んでください。
6）2回テストをする項目については，そのよい方の記録の左側に○印をつけてください。
7）総合評価については，あてはまる記号を○で囲んでください。

No.	氏名		都道府県名	
1. 令和　年4月1日現在の年歳		歳	2. 性別	男・女
3. 都市階級区分		1. 大・中都市　　2. 小都市　　3. 町村		
4. 運動部やスポーツクラブにはいっていますか		1. はいっている　　2. はいっていない		
5. 運動やスポーツをどのくらいしていますか（学校の体育の授業をのぞきます）		1. ほとんど毎日（週に3日以上） 2. ときどき（週に1～2日くらい） 3. ときたま（月に1～3日くらい）　　4. しない		
6. 運動やスポーツをするときは1日にどのくらいの時間しますか（学校の体育の授業をのぞきます）		1. 30分未満　　　　　　　　2. 30分以上1時間未満 3. 1時間以上2時間未満　　4. 2時間以上		
7. 朝食は食べますか		1. 毎日食べる　　2. 時々食べない　　3. 毎日食べない		
8. 1日の睡眠時間		1. 6時間未満　　　　2. 6時間以上8時間未満 3. 8時間以上		
9. 1日にどのくらいテレビを見ますか（テレビゲームも含みます）		1. 1時間未満　　　　　　　　2. 1時間以上2時間未満 3. 2時間以上3時間未満　　4. 3時間以上		
10. 体格	1. 身長　　　．　　cm	2. 体重　　　．　　kg	3. 座高　　　．　　cm	

項目		記録		得点
1. 握力	右	1回目　　　kg	2回目　　　kg	
	左	1回目　　　kg	2回目　　　kg	
	平均		kg	
2. 上体起こし			回	
3. 長座体前屈		1回目　　　cm	2回目　　　cm	
4. 反復横とび		1回目　　　点	2回目　　　点	
5. 20mシャトルラン（往復持久走）		折り返し数	回	
6. 50m走			．　秒	
7. 立ち幅とび		1回目　　　cm	2回目　　　cm	
8. ソフトボール投げ		1回目　　　m	2回目　　　m	
得点合計				
総合評価		A　　B　　C　　D　　E		

1／6歳～11歳対象

[参考] 20mシャトルラン（往復持久走） 最大酸素摂取量推定表【6〜11歳】

平成12年3月改訂

折り返し数	推定最大酸素摂取量 (ml／kg・分)	折り返し数	推定最大酸素摂取量 (ml／kg・分)	折り返し数	推定最大酸素摂取量 (ml／kg・分)
8	27.8	46	36.4	84	44.9
9	28.0	47	36.6	85	45.1
10	28.3	48	36.8	86	45.4
11	28.5	49	37.0	87	45.6
12	28.7	50	37.3	88	45.8
13	28.9	51	37.5	89	46.0
14	29.2	52	37.7	90	46.3
15	29.4	53	37.9	91	46.5
16	29.6	54	38.2	92	46.7
17	29.8	55	38.4	93	46.9
18	30.1	56	38.6	94	47.2
19	30.3	57	38.8	95	47.4
20	30.5	58	39.1	96	47.6
21	30.7	59	39.3	97	47.8
22	31.0	60	39.5	98	48.1
23	31.2	61	39.7	99	48.3
24	31.4	62	40.0	100	48.5
25	31.6	63	40.2	101	48.7
26	31.9	64	40.4	102	49.0
27	32.1	65	40.6	103	49.2
28	32.3	66	40.9	104	49.4
29	32.5	67	41.1	105	49.6
30	32.8	68	41.3	106	49.9
31	33.0	69	41.5	107	50.1
32	33.2	70	41.8	108	50.3
33	33.4	71	42.0	109	50.5
34	33.7	72	42.2	110	50.8
35	33.9	73	42.4	111	51.0
36	34.1	74	42.7	112	51.2
37	34.3	75	42.9	113	51.4
38	34.6	76	43.1	114	51.7
39	34.8	77	43.3	115	51.9
40	35.0	78	43.6	116	52.1
41	35.2	79	43.8	117	52.3
42	35.5	80	44.0	118	52.6
43	35.7	81	44.2		
44	35.9	82	44.5		
45	36.1	83	44.7		

新体力テスト Q&A

上体起こし

Q 体型によって両肘が両大腿部につかない場合はどうすればよいですか。
A 腹部等がさまたげになって,「両肘と両大腿部がつくまで起こす」ことが困難な場合は,両肘と両大腿部がつくように努力して上体が垂直になるように起こしてください。その際,上体が起きていれば1回とカウントしてかまいません。

Q 体型によって肩甲骨がマットにつかない場合はどうすればよいですか。
A 背中がつけば1回とカウントしてかまいません。

Q 背中(肩甲骨)がマットについた判定が難しい場合はどうすればよいですか。
A 確認しにくい場合は,もう一人の測定者を準備し,一人はマットにつくかどうか,一人は両肘と両大腿部がつくかどうかを判定するなどの工夫をしてください。

Q 補助者の補助の仕方を教えて下さい。
A 補助者は被測定者の足の上に腰を下ろして,下腿を抱え,膝の角度が変わらないように注意してください(膝の角度は,90度が基本です)。それでも,角度が変わってきたら被測定者に注意を与えてください。膝の関節角度が大きくなると,腰に負担がかかるうえに,上体起こしが実施しにくくなります。

Q 両膝が開き気味になった場合はだめですか。
A しっかり固定して,やり直してください。

Q 膝の角度を90度に保つのはどうしてですか。
A 腰にかかる負担を少なくして,テストによる腰痛の発生を防ぐためです。

Q 上体起こしの回数をはかることによって何がわかりますか。
A このテストは,主として腹筋群の筋力・筋持久力をみるテストです。この部分の筋群の発達状態は腰痛予防にもつながりますので,単に腹部の筋群の筋力・筋持久力をみるだけでなく健康関連体力をみる意味もあります。

長座体前屈

Q 体の大きさ(身長等)が測定値に影響するのではないですか。
A 初期姿勢を0とし,そこからの移動距離を計測するのですから,正しい初期姿勢をとれば,影響はでません。

Q 箱が測定中に横にずれてしまった場合はどうすればよいですか。
A やり直してください。

要項にあるように，箱がスムーズに滑るように床面の状況に気を付けてください。また，ガイドレールを付ける等の工夫をしてください。

Q　足の大きい人は，足先が引っかかってしまうのではないですか。
A　要項にあるように，靴を脱いで実施してください。また，足首は固定しないでください。

Q　頭は壁につけなくてよいのですか。
A　体型・年齢等の関係で難しい場合があります。背筋を伸ばすことが大切です。

Q　なぜ親指と他の指で厚紙を挟んではいけないのですか。
A　上肢の筋肉によけいな緊張を起こさせないためです。

Q　なぜ立位体前屈でなく，長座体前屈なのですか。
A　立位体前屈と比較して，幅広い年齢層にとって測定上安全であり，また，精神的負担も少ないからです。

20mシャトルラン（往復持久走）

Q　ライン到達の判定が難しい場合はどうすればよいですか。
A　判定が難しい場合は3人一組になり，2人がそれぞれのラインの判定をするなどの工夫をしてください。

Q　電子音からの遅れが1回の場合，次の電子音に間に合い，遅れを解消できれば，テストを継続できるとありますが，間に合わなかったときは，その場で向きを変えて次の折り返しまでに遅れを取り戻せばよいのですか。
A　一度間に合わなかったラインまで走り，次の折り返しまでに遅れを取り戻すことができた場合です。

Q　普段運動をしていない人にとっては，運動の強度が強すぎるのではないですか。
A　テストの中止は本人の主観にゆだねられています。運動の強度が「きつい」あるいは「もう限界だ」と感じたところで，運動を中止することができます。走る速度ははじめはゆっくりとした速度から約1分ごとに速くなっていくので，主観的に努力してがんばるのはテストを中止する前の3～5往復のみです。テスト実施前には，ウォーミングアップを十分に実施するとともに，決して無理をしないことを十分に注意してください。
　また，初めてテストを実施する人には2～3往復程度の練習をさせてください。

立ち幅とび

Q　屋内で実施する場合，マットと床の段差分，測定値に差ができるのではないですか。
A　マットの高さは，測定値の誤差の範囲です。

Q 床からの踏み切りではなく，マット上から踏み切ってもよいですか。
A マットが二度ずれる原因となり，誤差が大きくなります。また，危険回避の面からも踏み切り時にマットがずれることは望ましくありません。

2. 12歳～19歳対象

I テストの対象

12歳から19歳までの男女

II テスト項目

握力
上体起こし
長座体前屈
反復横とび
持久走
20m シャトルラン（往復持久走）
50m 走
立ち幅とび
ハンドボール投げ

※持久走か20m シャトルラン（往復持久走）のどちらかを選択する。

III テストの得点表および総合評価

項目別得点表
総合評価基準表

IV 実施上の一般的注意

握　力

1　準備
　スメドレー式握力計。

2　方法
　(1)　握力計の指針が外側になるように持ち，図のように握る。この場合，人差し指の第2関節が，ほぼ直角になるように握りの幅を調節する。
　(2)　直立の姿勢で両足を左右に自然に開き腕を自然に下げ，握力計を身体や衣服に触れないようにして力いっぱい握りしめる。この際，握力計を振り回さないようにする。

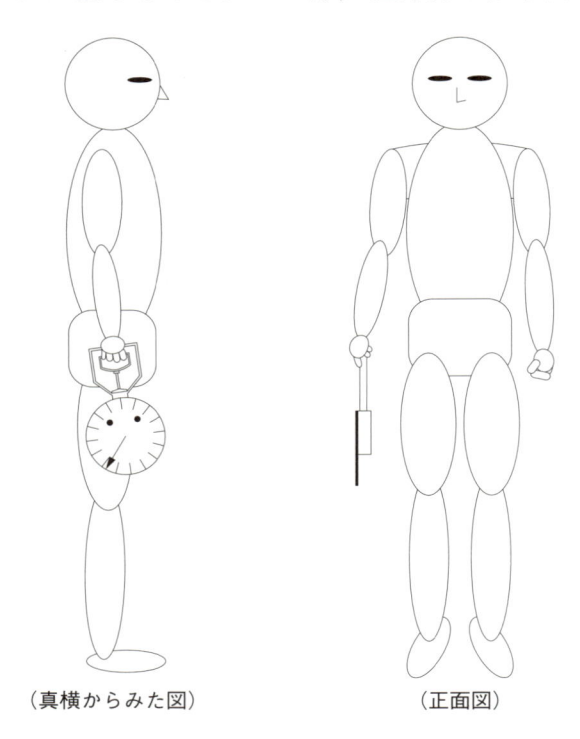

（真横からみた図）　　　（正面図）

3　記録
　(1)　右左交互に2回ずつ実施する。
　(2)　記録はキログラム単位とし，キログラム未満は切り捨てる。
　(3)　左右おのおののよい方の記録を平均し，キログラム未満は四捨五入する。

4　実施上の注意
　(1)　このテストは，右左の順に行う。
　(2)　このテストは，同一被測定者に対して2回続けて行わない。

上体起こし

1 準備

ストップウォッチ，マット。

2 方法

(1) マット上で仰臥姿勢をとり，両手を軽く握り，両腕を胸の前で組む。両膝の角度を90°に保つ。
(2) 補助者は，被測定者の両膝をおさえ，固定する。
(3) 「始め」の合図で，仰臥姿勢から，両肘と両大腿部がつくまで上体を起こす。
(4) すばやく開始時の仰臥姿勢に戻す。
(5) 30秒間，前述の上体起こしを出来るだけ多く繰り返す。

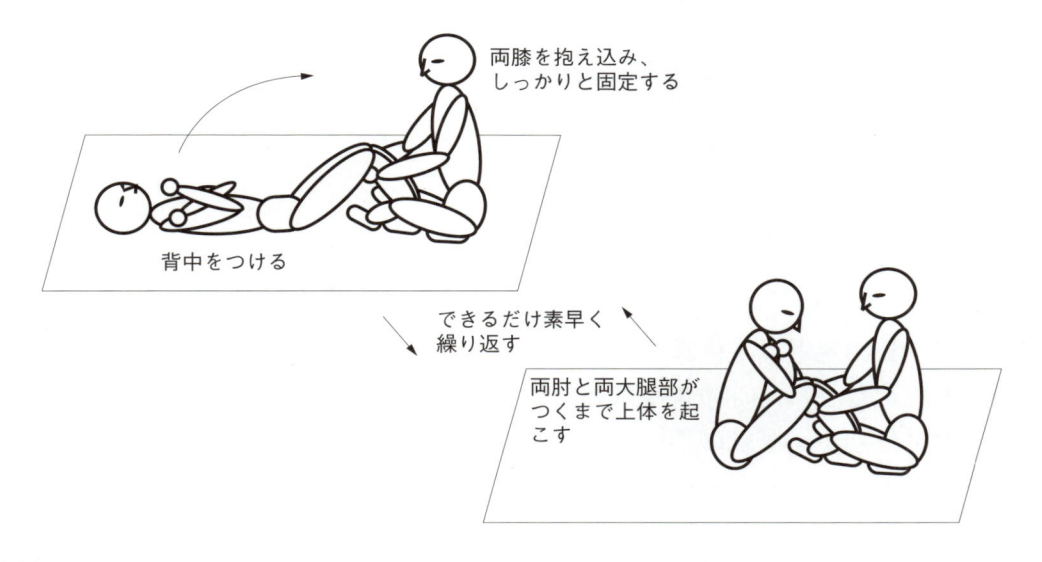

3 記録

(1) 30秒間の上体起こし（両肘と両大腿部がついた）回数を記録する。
　　ただし，仰臥姿勢に戻したとき，背中がマットにつかない場合は，回数としない。
(2) 実施は1回とする。

4 実施上の注意

(1) 両腕を組み，両脇をしめる。仰臥姿勢の際は，背中（肩甲骨）がマットにつくまで上体を倒す。
(2) 補助者は被測定者の下肢が動かないように両腕で両膝をしっかり固定する。しっかり固定するために，補助者は被測定者より体格が大きい者が望ましい。
(3) 被測定者と補助者の頭がぶつからないように注意する。
(4) 被測定者のメガネは，はずすようにする。

長座体前屈

1 準備

幅約22cm・高さ約24cm・奥行き約31cmの箱2個（A4コピー用紙の箱など），段ボール厚紙1枚（横75〜80cm×縦約31cm），ガムテープ，スケール（1m巻き尺または1mものさし）。

高さ約24cmの箱を，左右約40cm離して平行に置く。その上に段ボール厚紙をのせ，ガムテープで厚紙と箱を固定する（段ボール厚紙が弱い場合は，板などで補強してもよい）。床から段ボール厚紙の上面までの高さは，25cm（±1cm）とする。右または左の箱の横にスケールを置く。

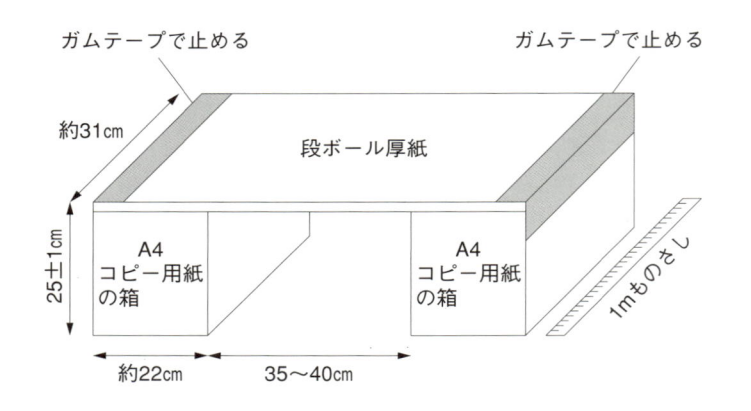

2 方法

(1) 初期姿勢：被測定者は，両脚を両箱の間に入れ，長座姿勢をとる。壁に背・尻をぴったりとつける。ただし，足首の角度は固定しない。肩幅の広さで両手のひらを下にして，手のひらの中央付近が，厚紙の手前端にかかるように置き，胸を張って，両肘を伸ばしたまま両手で箱を手前に十分引きつけ，背筋を伸ばす。

(2) 初期姿勢時のスケールの位置：初期姿勢をとったときの箱の手前右または左の角に零点を合わせる。

(3) 前屈動作：被測定者は，両手を厚紙から離さずにゆっくりと前屈して，箱全体を真っ直ぐ前方にできるだけ遠くまで滑らせる。このとき，膝が曲がらないように注意する。最大に前屈した後に厚紙から手を離す。

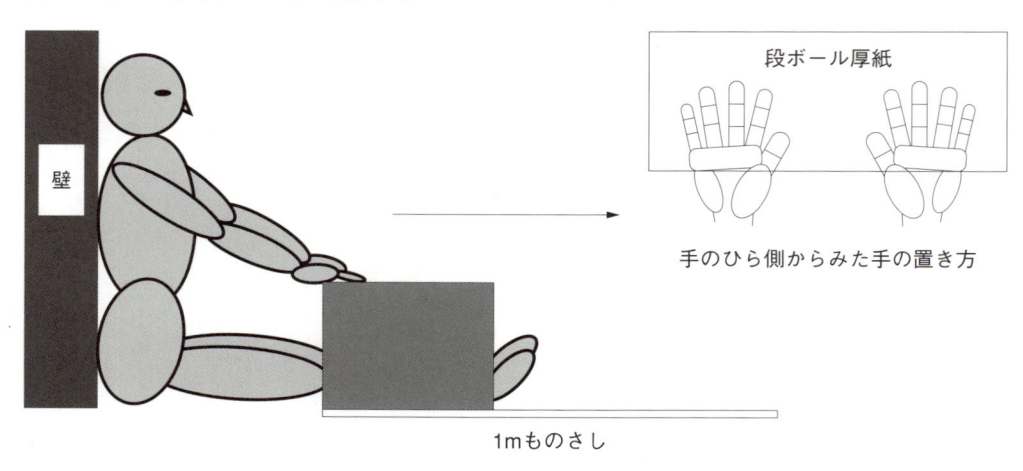

3 記録

(1) 初期姿勢から最大前屈時の箱の移動距離をスケールから読み取る。

(2) 記録はセンチメートル単位とし，センチメートル未満は切り捨てる。
(3) 2回実施してよい方の記録をとる。

4 実施上の注意
(1) 前屈姿勢をとったとき，膝が曲がらないように気をつける。
(2) 箱が真っ直ぐ前方に移動するように注意する（ガイドレールを設けてもよい）。
(3) 箱がスムーズに滑るように床面の状態に気をつける。
(4) 靴を脱いで実施する。

反復横とび

1 準備
床の上に，図のように中央ラインをひき，その両側100cmのところに2本の平行ラインをひく。
ストップウォッチ。

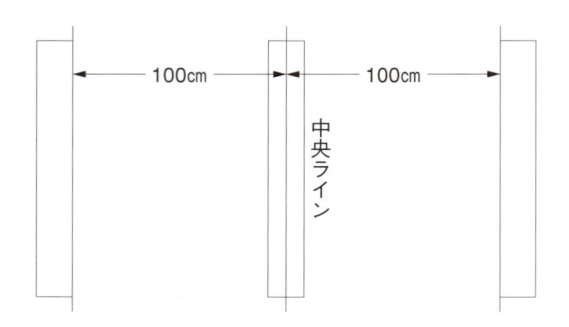

2 方法
中央ラインをまたいで立ち，「始め」の合図で右側のラインを越すか，または，踏むまでサイドステップし（ジャンプしてはいけない），次に中央ラインにもどり，さらに左側のラインを越すかまたは触れるまでサイドステップする。

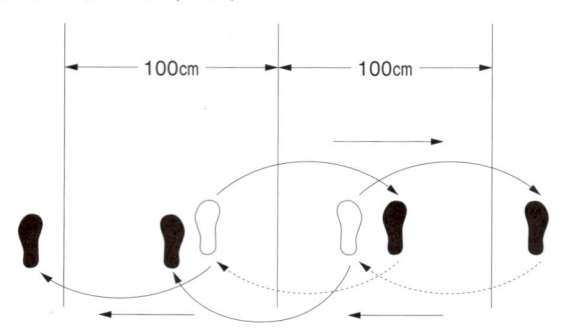

3 記録
(1) 上記の運動を20秒間繰り返し，それぞれのラインを通過するごとに1点を与える（右，中央，左，中央で4点になる）。
(2) テストを2回実施してよい方の記録をとる。

4 実施上の注意
(1) 屋内，屋外のいずれで実施してもよいが，屋外で行う場合は，よく整地された安全で滑りにくい場所で実施すること（コンクリート等の上では実施しない）。
(2) このテストは，同一の被測定者に対して続けて行わない。
(3) 次の場合は点数としない。
　ア　外側のラインを踏まなかったり越えなかったとき。
　イ　中央ラインをまたがなかったとき。

持久走（男子1500m，女子1000m）

1　準備

歩走路（トラック），スタート合図用旗，ストップウォッチ。

2　方法

(1)　スタートはスタンディングスタートの要領で行う。

(2)　スタートの合図は，「位置について」，「用意」の後，音または声を発すると同時に旗を上から下に振り下ろすことによって行う。

3　記録

(1)　スタートの合図からゴールライン上に胴（頭，肩，手，足ではない）が到達するまでに要した時間を計測する。

(2)　1人に1個の時計を用いることが望ましいが，ストップウォッチが不足する場合は，計時員が時間を読み上げ，測定員が到着時間を記録してもよい。

(3)　記録は秒単位とし，秒未満は切り上げる。

(4)　実施は1回とする。

4　実施上の注意

(1)　被測定者の健康状態に十分注意し，疾病及び傷害の有無を確かめ，医師の治療を受けている者や実施が困難と認められる者については，このテストを実施しない。

(2)　トラックを使用して行うことを原則とする。

(3)　いたずらに競争したり，無理なペースで走らないように注意し，各自の能力なども考えて走るよう指導する。

(4)　テスト前後に，ゆっくりとした運動等によるウォーミングアップ及びクーリングダウンをする。

20mシャトルラン（往復持久走）

1 準備
テスト用CDまたはテープ及び再生用プレーヤー。20m間隔の2本の平行線。ポール4本を平行線の両端に立てる。

2 方法
(1) プレーヤーによりCD（テープ）再生を開始する。

(2) 一方の線上に立ち，テストの開始を告げる5秒間のカウントダウンの後の電子音によりスタートする。

(3) 一定の間隔で1音ずつ電子音が鳴る。電子音が次に鳴るまでに20m先の線に達し，足が線を越えるか，触れたら，その場で向きを変える。この動作を繰り返す。電子音の前に線に達してしまった場合は，向きを変え，電子音を待ち，電子音が鳴った後に走り始める。

(4) CD（テープ）によって設定された電子音の間隔は，初めはゆっくりであるが，約1分ごとに電子音の間隔は短くなる。すなわち，走速度は約1分ごとに増加していくので，できる限り電子音の間隔についていくようにする。

(5) CD（テープ）によって設定された速度を維持できなくなり走るのをやめたとき，または，2回続けてどちらかの足で線に触れることができなくなったときに，テストを終了する。なお，電子音からの遅れが1回の場合，次の電子音に間に合い，遅れを解消できれば，テストを継続することができる。

3 記録
(1) テスト終了時（電子音についていけなくなった直前）の折り返しの総回数を記録とする。ただし，2回続けてどちらかの足で線に触れることができなかったときは，最後に触れることができた折り返しの総回数を記録とする。

(2) 折り返しの総回数から最大酸素摂取量を推定する場合は，参考「20mシャトルラン（往復持久走）最大酸素摂取量推定表」を参照すること。

4 実施上の注意
(1) ランニングスピードのコントロールに十分注意し，電子音の鳴る時には，必ずどちらかの線上にいるようにする。CD（テープ）によって設定された速度で走り続けるようにし，走り続けることができなくなった場合は，自発的に退くことを指導しておく。

(2) テスト実施前のウォーミングアップでは，足首，アキレス腱，膝などの柔軟運動（ストレッチングなどを含む）を十分に行う。

(3) テスト終了後は，ゆっくりとした運動等によるクーリングダウンをする。

(4) 被測定者に対し，最初のランニングスピードがどの程度か知らせる。

(5) CDプレーヤー使用時は，音がとんでしまうおそれがあるので，走行場所から離して置く。

(6) 被測定者の健康状態に十分注意し，疾病及び傷害の有無を確かめ，医師の治療を受けている者や実施が困難と認められる者については，このテストを実施しない。

20mシャトルラン（往復持久走）　記録用紙

	1	2	3	4	5	6	7							
レベル1														
レベル2	8	9	10	11	12	13	14	15						
レベル3	16	17	18	19	20	21	22	23						
レベル4	24	25	26	27	28	29	30	31	32					
レベル5	33	34	35	36	37	38	39	40	41					
レベル6	42	43	44	45	46	47	48	49	50	51				
レベル7	52	53	54	55	56	57	58	59	60	61				
レベル8	62	63	64	65	66	67	68	69	70	71	72			
レベル9	73	74	75	76	77	78	79	80	81	82	83			
レベル10	84	85	86	87	88	89	90	91	92	93	94			
レベル11	95	96	97	98	99	100	101	102	103	104	105	106		
レベル12	107	108	109	110	111	112	113	114	115	116	117	118		
レベル13	119	120	121	122	123	124	125	126	127	128	129	130	131	
レベル14	132	133	134	135	136	137	138	139	140	141	142	143	144	
レベル15	145	146	147	148	149	150	151	152	153	154	155	156	157	
レベル16	158	159	160	161	162	163	164	165	166	167	168	169	170	171
レベル17	172	173	174	175	176	177	178	179	180	181	182	183	184	185
レベル18	186	187	188	189	190	191	192	193	194	195	196	197	198	199	200
レベル19	201	202	203	204	205	206	207	208	209	210	211	212	213	214	215
レベル20	216	217	218	219	220	221	222	223	224	225	226	227	228	229	230	231
レベル21	232	233	234	235	236	237	238	239	240	241	242	243	244	245	246	247

レベル	折り返し回数
レベル14	132

折り返すごとに，∨点を入れる。

2／12歳～19歳対象

50m 走

1　準備
図のような50m直走路，スタート合図用旗，ストップウォッチ。

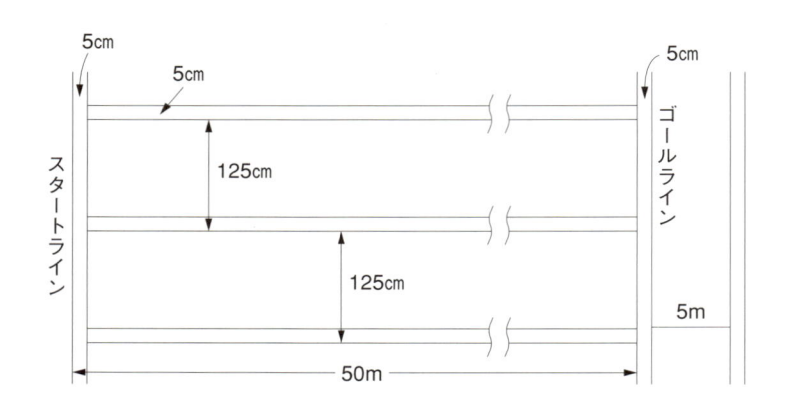

2　方法
(1)　スタートは，クラウチングスタートの要領で行う。
(2)　スタートの合図は，「位置について」，「用意」の後，音または声を発すると同時に旗を下から上へ振り上げることによって行う。

3　記録
(1)　スタートの合図からゴールライン上に胴（頭，肩，手，足ではない）が到達するまでに要した時間を計測する。
(2)　記録は1／10秒単位とし，1／10秒未満は切り上げる。
(3)　実施は1回とする。

4　実施上の注意
(1)　走路は，セパレートの直走路とし，曲走路や折り返し走路は使わない。
(2)　走者は，スパイクやスターティングブロックなどを使用しない。
(3)　ゴールライン前方5mのラインまで走らせるようにする。

立ち幅とび

1 準備

屋外で行う場合

砂場，巻き尺，ほうき，砂ならし。

砂場の手前（30cm～1m）に踏み切り線を引く。

屋内で行う場合

マット（6m程度），巻き尺，ラインテープ。

マットを壁に付けて敷く。

マットの手前（30cm～1m）の床にラインテープを張り踏み切り線とする。

2 方法

(1) 両足を軽く開いて，つま先が踏み切り線の前端にそろうように立つ。

(2) 両足で同時に踏み切って前方へとぶ。

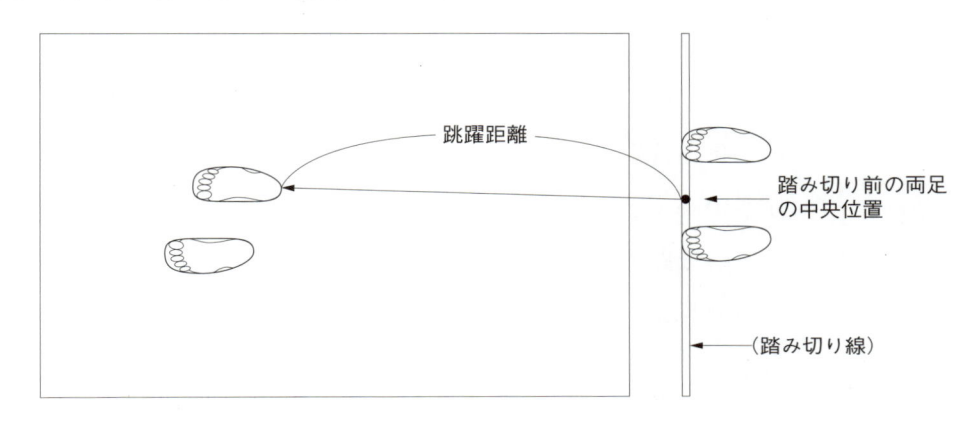

3 記録

(1) 身体が砂場（マット）に触れた位置のうち，最も踏み切り線に近い位置と，踏み切り前の両足の中央の位置（踏み切り線の前端）とを結ぶ直線の距離を計測する（上図参照）。

(2) 記録はセンチメートル単位とし，センチメートル未満は切り捨てる。

(3) 2回実施してよい方の記録をとる。

4 実施上の注意

(1) 踏み切り線から砂場（マット）までの距離は，被測定者の実態によって加減する。

(2) 踏み切りの際には，二重踏み切りにならないようにする。

(3) 屋外で行う場合，踏み切り線周辺及び砂場の砂面は，できるだけ整地する。

(4) 屋内で行う場合，着地の際にマットがずれないように，テープ等で固定するとともに，片側を壁につける。滑りにくい（ずれにくい）マットを用意する。

(5) 踏み切り前の両足の中央の位置を任意に決めておくと計測が容易になる。

ハンドボール投げ

1　準備

ハンドボール2号（外周54cm～56cm，重さ325g～400g），巻き尺。

平坦な地面上に直径2mの円を描き，円の中心から投球方向に向かって，中心角30度になるように直線を図のように2本引き，その間に同心円弧を1m間隔に描く。

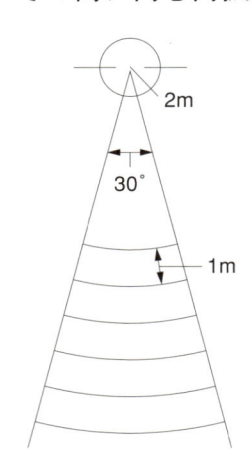

2　方法
(1)　投球は地面に描かれた円内から行う。
(2)　投球中または投球後，円を踏んだり，越したりして円外に出てはならない。
(3)　投げ終わったときは，静止してから，円外に出る。

3　記録
(1)　ボールが落下した地点までの距離を，あらかじめ1m間隔に描かれた円弧によって計測する。
(2)　記録はメートル単位とし，メートル未満は切り捨てる。
(3)　2回実施してよい方の記録をとる。

4　実施上の注意
(1)　ボールは規格に合っていれば，ゴム製のものでもよい。
(2)　投球のフォームは自由であるが，できるだけ「下手投げ」をしない方がよい。また，ステップして投げたほうがよい。

テストの得点表および総合評価

(1) 項目別得点表により，記録を採点する。
(2) 各項目の得点を合計し，総合評価をする。

項目別得点表

男子

得点	握力	上体起こし	長座体前屈	反復横とび	持久走	20mシャトルラン	50m走	立ち幅とび	ハンドボール投げ	得点
10	56kg以上	35回以上	64cm以上	63点以上	4′59″以下	125回以上	6.6秒以下	265cm以上	37m以上	10
9	51〜55	33〜34	58〜63	60〜62	5′00″〜5′16″	113〜124	6.7〜6.8	254〜264	34〜36	9
8	47〜50	30〜32	53〜57	56〜59	5′17″〜5′33″	102〜112	6.9〜7.0	242〜253	31〜33	8
7	43〜46	27〜29	49〜52	53〜55	5′34″〜5′55″	90〜101	7.1〜7.2	230〜241	28〜30	7
6	38〜42	25〜26	44〜48	49〜52	5′56″〜6′22″	76〜89	7.3〜7.5	218〜229	25〜27	6
5	33〜37	22〜24	39〜43	45〜48	6′23″〜6′50″	63〜75	7.6〜7.9	203〜217	22〜24	5
4	28〜32	19〜21	33〜38	41〜44	6′51″〜7′30″	51〜62	8.0〜8.4	188〜202	19〜21	4
3	23〜27	16〜18	28〜32	37〜40	7′31″〜8′19″	37〜50	8.5〜9.0	170〜187	16〜18	3
2	18〜22	13〜15	21〜27	30〜36	8′20″〜9′20″	26〜36	9.1〜9.7	150〜169	13〜15	2
1	17kg以下	12回以下	20cm以下	29点以下	9′21″以上	25回以下	9.8秒以上	149cm以下	12m以下	1

女子

得点	握力	上体起こし	長座体前屈	反復横とび	持久走	20mシャトルラン	50m走	立ち幅とび	ハンドボール投げ	得点
10	36kg以上	29回以上	63cm以上	53点以上	3′49″以下	88回以上	7.7秒以下	210cm以上	23m以上	10
9	33〜35	26〜28	58〜62	50〜52	3′50″〜4′02″	76〜87	7.8〜8.0	200〜209	20〜22	9
8	30〜32	23〜25	54〜57	48〜49	4′03″〜4′19″	64〜75	8.1〜8.3	190〜199	18〜19	8
7	28〜29	20〜22	50〜53	45〜47	4′20″〜4′37″	54〜63	8.4〜8.6	179〜189	16〜17	7
6	25〜27	18〜19	45〜49	42〜44	4′38″〜4′56″	44〜53	8.7〜8.9	168〜178	14〜15	6
5	23〜24	15〜17	40〜44	39〜41	4′57″〜5′18″	35〜43	9.0〜9.3	157〜167	12〜13	5
4	20〜22	13〜14	35〜39	36〜38	5′19″〜5′42″	27〜34	9.4〜9.8	145〜156	11	4
3	17〜19	11〜12	30〜34	32〜35	5′43″〜6′14″	21〜26	9.9〜10.3	132〜144	10	3
2	14〜16	8〜10	23〜29	27〜31	6′15″〜6′57″	15〜20	10.4〜11.2	118〜131	8〜9	2
1	13kg以下	7回以下	22cm以下	26点以下	6′58″以上	14回以下	11.3秒以上	117cm以下	7m以下	1

総合評価基準表

段階	12歳	13歳	14歳	15歳	16歳	17歳	18歳	19歳	段階
A	51以上	57以上	60以上	61以上	63以上	65以上	65以上	65以上	A
B	41〜50	47〜56	51〜59	52〜60	53〜62	54〜64	54〜64	54〜64	B
C	32〜40	37〜46	41〜50	41〜51	42〜52	43〜53	43〜53	43〜53	C
D	22〜31	27〜36	31〜40	31〜40	31〜41	31〜42	31〜42	31〜42	D
E	21以下	26以下	30以下	30以下	30以下	30以下	30以下	30以下	E

実施上の一般的注意

1　テスト実施に当たっては，被測定者の健康状態を十分把握し，事故防止に万全の注意を払う。
　　なお，医師から運動を禁止または制限されている者はもちろん，当日身体の異常（発熱，倦怠感など）を訴える者には行わない。
2　テストは定められた方法のとおり正確に行う。
3　テスト前後には，適切な準備運動及び整理運動を行う。
4　テスト場の整備，器材の点検を行う。
5　テストの順序は定められてはいないが，持久走，20m シャトルラン（往復持久走）は最後に実施する。
6　計器（握力計，ストップウォッチなど）は正確なものを使用し，その使用を誤らないようにする。すべての計器は使用前に検定することが望ましい。

新体力テスト（12歳～19歳）
記録用紙

スポーツ庁

記入上の注意

1）「住所」は，居住地の都道府県名を記入してください。
2）「年齢」は，調査実施年度の4月1日現在の満年齢を記入してください。
3）「都市階級区分」については，居住地が次のいずれに該当するかを判断し，その番号を○で囲んでください。
   （1）　大・中都市…人口15万人以上の市，政令指定都市。
   （2）　小都市………人口15万人未満の市。
   （3）　町村
4）「運動・スポーツの実施状況」及び「1日の運動・スポーツ実施時間」については，学校の体育の授業を除いた運動・スポーツの実施状況及び実施時間について該当する番号を○で囲んでください。
5）その他については，該当する番号を○で囲んでください。
6）2回テストをする項目については，そのよい方の記録の左側に○印をつけてください。
7）総合評価については，該当する記号を○で囲んでください。

No.		氏 名			本人の住所		都道府県
1. 令和　年4月1日現在の年歳				歳	2. 性　別		男　・　女
3. 都市階級区分			1. 大・中都市		2. 小都市		3. 町　村
4. 所　　属			1. 中学校　　　　2. 高等学校全日制　　3. 高等学校定時制 4. 高等専門学校　5. 短期大学　　　　6. 大学				
5. 運動部や地域スポーツクラブへの所属状況			1. 所属している　　　　2. 所属していない				
6. 運動・スポーツの実施状況 （学校の体育の授業を除く）			1. ほとんど毎日（週3日以上）　2. ときどき（週1～2日程度） 3. ときたま（月1～3日程度）　4. しない				
7. 1日の運動・スポーツ実施時間 （学校の体育の授業を除く）			1. 30分未満　　　　　　　　　2. 30分以上1時間未満 3. 1時間以上2時間未満　　　　4. 2時間以上				
8. 朝食の有無		1. 毎日食べる　　2. 時々欠かす　　　　　3. まったく食べない					
9. 1日の睡眠時間		1. 6時間未満　　2. 6時間以上8時間未満　3. 8時間以上					
10. 1日のテレビ（テレビゲームを含む）の視聴時間			1. 1時間未満　　　　　　　　　2. 1時間以上2時間未満 3. 2時間以上3時間未満　　　　4. 3時間以上				
11. 体　格		1. 身長　　　．　cm　　2. 体重　　　．　kg　　3. 座高　　　．　cm					

項　　目		記　　　　　　　　録		得　点
1. 握　力	右	1回目　　　　kg	2回目　　　　kg	
	左	1回目　　　　kg	2回目　　　　kg	
	平均		kg	
2. 上体起こし			回	
3. 長座体前屈		1回目　　　　cm	2回目　　　　cm	
4. 反復横とび		1回目　　　　点	2回目　　　　点	
5.　持久走		分　　　　秒		
20mシャトルラン（往復持久走）		折り返し数　　回（最大酸素摂取量　　ml/kg・分）		
6. 50m走		．　秒		
7. 立ち幅とび		1回目　　　　cm	2回目　　　　cm	
8. ハンドボール投げ		1回目　　　　m	2回目　　　　m	
得　点　合　計				
総　合　評　価		A　　B　　C　　D　　E		

[参考] 20mシャトルラン（往復持久走） 最大酸素摂取量推定表【12〜19歳】

平成12年3月改訂

折り返し数	推定最大酸素摂取量 （ml／kg・分）	折り返し数	推定最大酸素摂取量 （ml／kg・分）	折り返し数	推定最大酸素摂取量 （ml／kg・分）	折り返し数	推定最大酸素摂取量 （ml／kg・分）
8	27.8	46	36.4	84	44.9	122	53.5
9	28.0	47	36.6	85	45.1	123	53.7
10	28.3	48	36.8	86	45.4	124	53.9
11	28.5	49	37.0	87	45.6	125	54.1
12	28.7	50	37.3	88	45.8	126	54.4
13	28.9	51	37.5	89	46.0	127	54.6
14	29.2	52	37.7	90	46.3	128	54.8
15	29.4	53	37.9	91	46.5	129	55.0
16	29.6	54	38.2	92	46.7	130	55.3
17	29.8	55	38.4	93	46.9	131	55.5
18	30.1	56	38.6	94	47.2	132	55.7
19	30.3	57	38.8	95	47.4	133	55.9
20	30.5	58	39.1	96	47.6	134	56.2
21	30.7	59	39.3	97	47.8	135	56.4
22	31.0	60	39.5	98	48.1	136	56.6
23	31.2	61	39.7	99	48.3	137	56.8
24	31.4	62	40.0	100	48.5	138	57.1
25	31.6	63	40.2	101	48.7	139	57.3
26	31.9	64	40.4	102	49.0	140	57.5
27	32.1	65	40.6	103	49.2	141	57.7
28	32.3	66	40.9	104	49.4	142	58.0
29	32.5	67	41.1	105	49.6	143	58.2
30	32.8	68	41.3	106	49.9	144	58.4
31	33.0	69	41.5	107	50.1	145	58.6
32	33.2	70	41.8	108	50.3	146	58.9
33	33.4	71	42.0	109	50.5	147	59.1
34	33.7	72	42.2	110	50.8	148	59.3
35	33.9	73	42.4	111	51.0	149	59.5
36	34.1	74	42.7	112	51.2	150	59.8
37	34.3	75	42.9	113	51.4	151	60.0
38	34.6	76	43.1	114	51.7	152	60.2
39	34.8	77	43.3	115	51.9	153	60.4
40	35.0	78	43.6	116	52.1	154	60.7
41	35.2	79	43.8	117	52.3	155	60.9
42	35.5	80	44.0	118	52.6	156	61.1
43	35.7	81	44.2	119	52.8	157	61.3
44	35.9	82	44.5	120	53.0		
45	36.1	83	44.7	121	53.2		

新体力テストQ&A

上体起こし

Q 体型によって両肘が両大腿部につかない場合はどうすればよいですか。
A 腹部等がさまたげになって,「両肘と両大腿部がつくまで起こす」ことが困難な場合は,両肘と両大腿部がつくように努力して上体が垂直になるように起こしてください。その際,上体が起きていれば1回とカウントしてかまいません。

Q 体型によって肩甲骨がマットにつかない場合はどうすればよいですか。
A 背中がつけば1回とカウントしてかまいません。

Q 背中（肩甲骨）がマットについた判定が難しい場合はどうすればよいですか。
A 確認しにくい場合は,もう一人の測定者を準備し,一人はマットにつくかどうか,一人は両肘と両大腿部がつくかどうかを判定するなどの工夫をしてください。

Q 補助者の補助の仕方を教えてください。
A 補助者は被測定者の足の上に腰を下ろして,下腿を抱え,膝の角度が変わらないように注意してください（膝の角度は,90度が基本です）。それでも,角度が変わってきたら被測定者に注意を与えてください。膝の関節角度が大きくなると,腰に負担がかかるうえに,上体起こしが実施しにくくなります。

Q 両膝が開き気味になった場合はだめですか。
A しっかり固定して,やり直して下さい。

Q 膝の角度を90度に保つのはどうしてですか。
A 腰にかかる負担を少なくして,テストによる腰痛の発生を防ぐためです。

Q 上体起こしの回数をはかることによって何がわかりますか。
A このテストは,主として腹筋群の筋力・筋持久力をみるテストです。この部分の筋群の発達状態は腰痛予防にもつながりますので,単に腹部の筋群の筋力・筋持久力をみるだけでなく健康関連体力をみる意味もあります。

長座体前屈

Q 体の大きさ（身長等）が測定値に影響するのではないですか。
A 初期姿勢を0とし,そこからの移動距離を計測するのですから,正しい初期姿勢をとれば,影響はでません。

Q 箱が測定中に横にずれてしまった場合はどうすればよいですか。
A やり直してください。

要項にあるように、箱がスムーズに滑るように床面の状況に気を付けてください。また、ガイドレールを付ける等の工夫をしてください。

Q 足の大きい人は、足先が引っかかってしまうのではないですか。
A 要項にあるように、靴を脱いで実施してください。また、足首は固定しないでください。

Q 頭は壁につけなくてよいのですか。
A 体型・年齢等の関係で難しい場合があります。背筋を伸ばすことが大切です。

Q なぜ親指と他の指で厚紙を挟んではいけないのですか。
A 上肢の筋肉によけいな緊張を起こさせないためです。

Q なぜ立位体前屈でなく、長座体前屈なのですか。
A 立位体前屈と比較して、幅広い年齢層にとって測定上安全であり、また、精神的負担も少ないからです。

20mシャトルラン（往復持久走）

Q ライン到達の判定が難しい場合はどうすればよいですか。
A 判定が難しい場合は3人一組になり、2人がそれぞれのラインの判定をするなどの工夫をしてください。

Q 電子音からの遅れが1回の場合、次の電子音に間に合い、遅れを解消できれば、テストを継続できるとありますが、間に合わなかったときは、その場で向きを変えて次の折り返しまでに遅れを取り戻せばよいのですか。
A 一度間に合わなかったラインまで走り、次の折り返しまでに遅れを取り戻すことができた場合です。

Q 普段運動をしていない人にとっては、運動の強度が強すぎるのではないですか。
A テストの中止は本人の主観にゆだねられています。運動の強度が「きつい」あるいは「もう限界だ」と感じたところで、運動を中止することができます。走る速度ははじめはゆっくりとした速度から約1分ごとに速くなっていくので、主観的に努力してがんばるのはテストを中止する前の3〜5往復のみです。テスト実施前には、ウォーミングアップを十分に実施するとともに、決して無理をしないことを十分に注意してください。
また、初めてテストを実施する人には2〜3往復程度の練習をさせてください。

立ち幅とび

Q 屋内で実施する場合、マットと床の段差分、測定値に差がでるのではないですか。
A マットの高さは、測定値の誤差の範囲です。

Q 床からの踏み切りではなく，マット上から踏み切ってもよいですか。

A マットが二度ずれる原因となり，誤差が大きくなります。また，危険回避の面からも踏み切り時にマットがずれることは望ましくありません。

3. 20歳〜64歳対象

I テストの対象
20歳から64歳までの男女

II テスト項目
握力
上体起こし
長座体前屈
反復横とび
急歩
20m シャトルラン（往復持久走）
立ち幅とび

※急歩か20m シャトルラン（往復持久走）のどちらかを選択する。

III テストの得点表および総合評価
項目別得点表
総合評価基準表
体力年齢判定基準表

IV 実施上の一般的注意

握 力

1 準備
スメドレー式握力計。

2 方法
(1) 握力計の指針が外側になるように持ち，図のように握る。この場合，人差し指の第2関節が，ほぼ直角になるように握りの幅を調節する。
(2) 直立の姿勢で両足を左右に自然に開き腕を自然に下げ，握力計を身体や衣服に触れないようにして力いっぱい握りしめる。この際，握力計を振り回さないようにする。

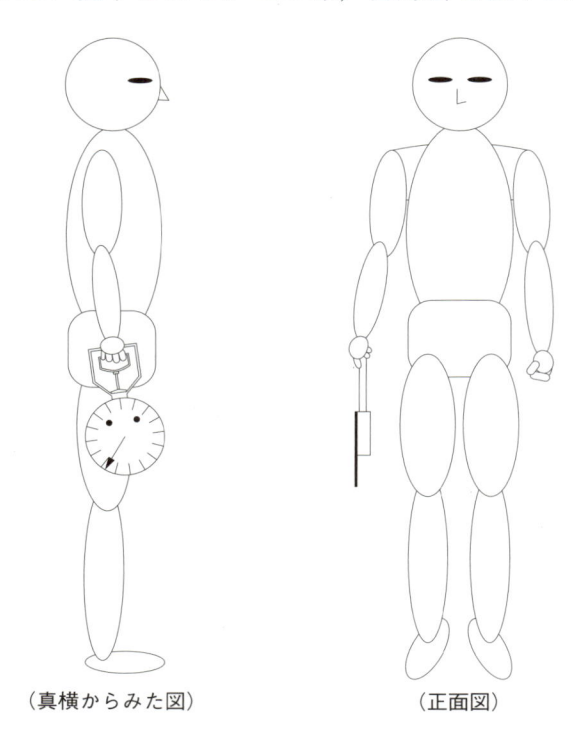

（真横からみた図）　　　（正面図）

3 記録
(1) 右左交互に2回ずつ実施する。
(2) 記録はキログラム単位とし，キログラム未満は切り捨てる。
(3) 左右おのおののよい方の記録を平均し，キログラム未満は四捨五入する。

4 実施上の注意
(1) このテストは，右左の順に行う。
(2) このテストは，同一被測定者に対して2回続けて行わない。

上体起こし

1 準備

ストップウォッチ，マット。

2 方法

(1) マット上で仰臥姿勢をとり，両手を軽く握り，両腕を胸の前で組む。両膝の角度を90°に保つ。

(2) 補助者は，被測定者の両膝をおさえ，固定する。

(3) 「始め」の合図で，仰臥姿勢から，両肘と両大腿部がつくまで上体を起こす。

(4) すばやく開始時の仰臥姿勢に戻す。

(5) 30秒間，前述の上体起こしを出来るだけ多く繰り返す。

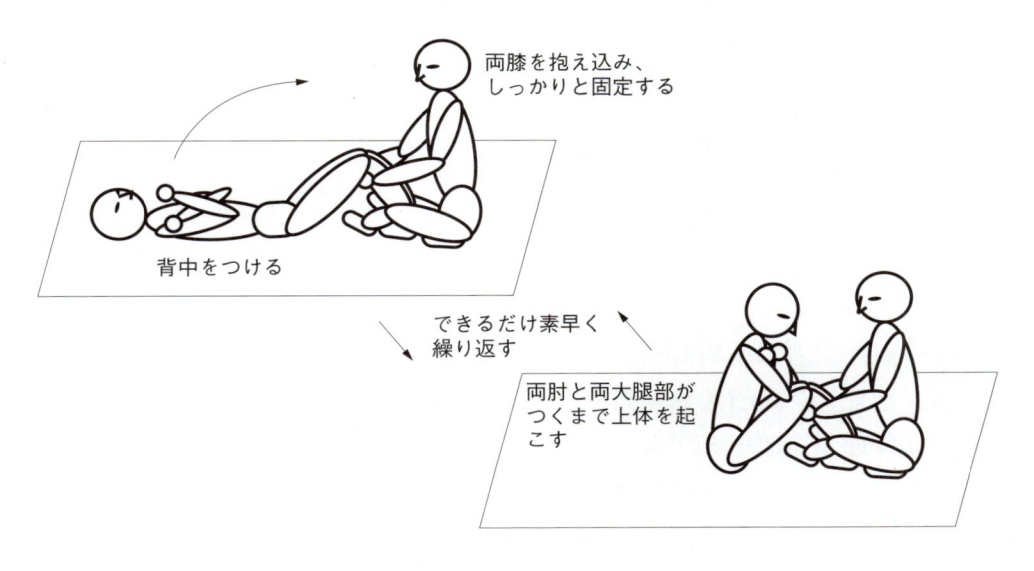

3 記録

(1) 30秒間の上体起こし（両肘と両大腿部がついた）回数を記録する。
ただし，仰臥姿勢に戻したとき，背中がマットにつかない場合は，回数としない。

(2) 実施は1回とする。

4 実施上の注意

(1) 両腕を組み，両脇をしめる。仰臥姿勢の際は，背中（肩甲骨）がマットにつくまで上体を倒す。

(2) 補助者は被測定者の下肢が動かないように両腕で両膝をしっかり固定する。しっかり固定するために，補助者は被測定者より体格が大きい者が望ましい。

(3) 被測定者と補助者の頭がぶつからないように注意する。

(4) 被測定者のメガネは，はずすようにする。

(5) 腰痛の自覚症状のある被測定者については，このテストを実施しない。

長座体前屈

1 準備
幅約22cm・高さ約24cm・奥行き約31cmの箱2個（A4コピー用紙の箱など），段ボール厚紙1枚（横75～80cm×縦約31cm），ガムテープ，スケール（1m巻き尺または1mものさし）。

高さ約24cmの箱を，左右約40cm離して平行に置く。その上に段ボール厚紙をのせ，ガムテープで厚紙と箱を固定する（段ボール厚紙が弱い場合は，板などで補強してもよい）。床から段ボール厚紙の上面までの高さは，25cm（±1cm）とする。右または左の箱の横にスケールを置く。

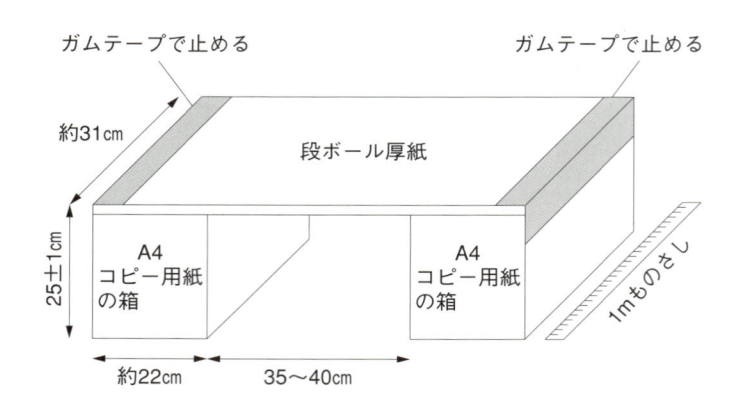

2 方法
(1) 初期姿勢：被測定者は，両脚を両箱の間に入れ，長座姿勢をとる。壁に背・尻をぴったりとつける。ただし，足首の角度は固定しない。肩幅の広さで両手のひらを下にして，手のひらの中央付近が，厚紙の手前端にかかるように置き，胸を張って，両肘を伸ばしたまま両手で箱を手前に十分引きつけ，背筋を伸ばす。

(2) 初期姿勢時のスケールの位置：初期姿勢をとったときの箱の手前右または左の角に零点を合わせる。

(3) 前屈動作：被測定者は，両手を厚紙から離さずにゆっくりと前屈して，箱全体を真っ直ぐ前方にできるだけ遠くまで滑らせる。このとき，膝が曲がらないように注意する。最大に前屈した後に厚紙から手を離す。

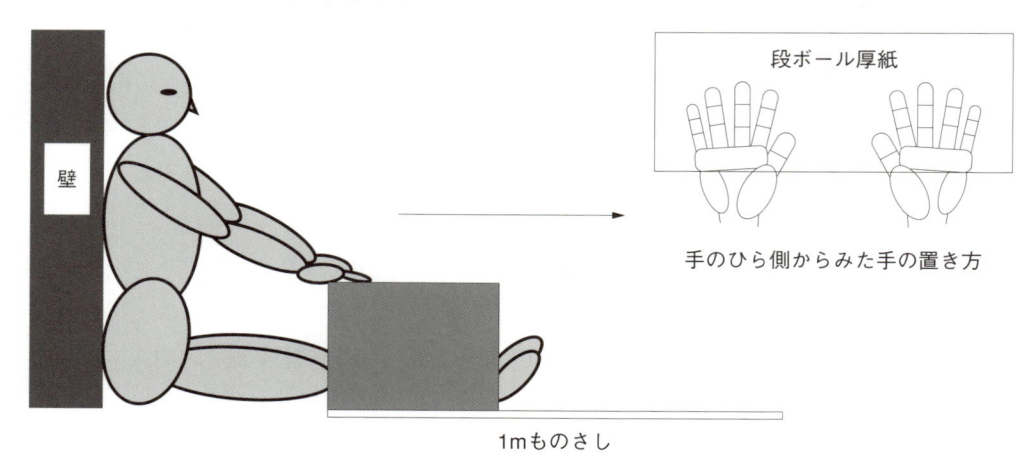

3 記録
(1) 初期姿勢から最大前屈時の箱の移動距離をスケールから読み取る。

(2) 記録はセンチメートル単位とし，センチメートル未満は切り捨てる。
(3) 2回実施してよい方の記録をとる。

4　実施上の注意
(1) 前屈姿勢をとったとき，膝が曲がらないように気をつける。
(2) 箱が真っ直ぐ前方に移動するように注意する（ガイドレールを設けてもよい）。
(3) 箱がスムーズに滑るように床面の状態に気をつける。
(4) 靴を脱いで実施する。

反復横とび

1 準備

床の上に，図のように中央ラインをひき，その両側100cmのところに2本の平行ラインをひく。

ストップウォッチ。

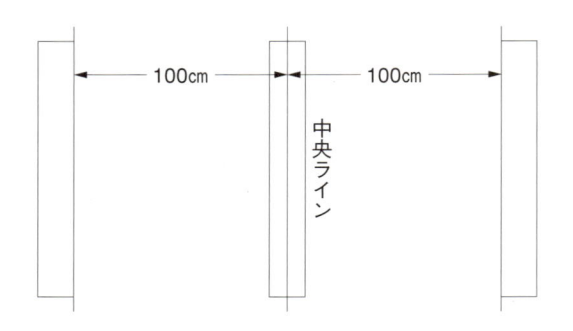

2 方法

中央ラインをまたいで立ち，「始め」の合図で右側のラインを越すか，または，踏むまでサイドステップし（ジャンプしてはいけない），次に中央ラインにもどり，さらに左側のラインを越すかまたは触れるまでサイドステップする。

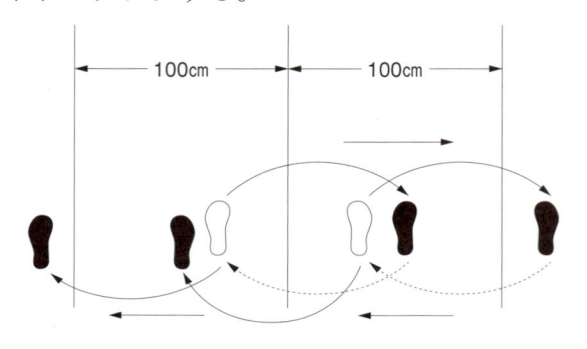

3 記録

(1) 上記の運動を20秒間繰り返し，それぞれのラインを通過するごとに1点を与える（右，中央，左，中央で4点になる）。

(2) テストを2回実施してよい方の記録をとる。

4 実施上の注意

(1) 屋内，屋外のいずれで実施してもよいが，屋外で行う場合は，よく整地された安全で滑りにくい場所で実施すること（コンクリート等の上では実施しない）。

(2) このテストは，同一の被測定者に対して続けて行わない。

(3) 次の場合は点数としない。

　ア　外側のラインを踏まなかったり越えなかったとき。

　イ　中央ラインをまたがなかったとき。

(4) テスト実施前のウォーミングアップでは，足首，アキレス腱，膝などの柔軟運動（ストレッチングなどを含む）を十分に行う。

急歩（男子1500m，女子1000m）

1 **準備**
歩走路（トラック），スタート合図用旗，ストップウォッチ。

2 **方法**
いずれかの足が常に地面に着いているようにして，急いで歩く。

3 **記録**
(1) スタートの合図からゴールライン上に胴（頭，肩，手，足ではない）が到達するまでに要した時間を計測する。
(2) 1人に1個の時計を用いることが望ましいが，ストップウオッチが不足する場合は，計時員が時間を読み上げ，測定者が到着時間を記録してもよい。
(3) 記録は秒単位とし，秒未満は切り上げる。
(4) 実施は1回とする。

4 **実施上の注意**
(1) 被測定者の健康状態に十分注意し，疾病及び傷害の有無を確かめ，医師の治療を受けている者や実施が困難と認められる者については，このテストを実施しない。
(2) 測定者は，被測定者が走ることがないように，また両足が一瞬でも地面から離れたら正しく歩くように指導する。
(3) トラックを使用して行うことを原則とする。
(4) いたずらに競争したり，無理なペースで歩かないように注意し，各自の能力なども考えて歩くよう指導する。
(5) テスト前後に，ゆっくりとした運動等によるウォーミングアップ及びクーリングダウンをする。

20m シャトルラン（往復持久走）

1 準備
テスト用 CD またはテープ及び再生用プレーヤー。20m 間隔の 2 本の平行線。ポール 4 本を平行線の両端に立てる。

2 方法
(1) プレーヤーにより CD（テープ）再生を開始する。

(2) 一方の線上に立ち，テストの開始を告げる 5 秒間のカウントダウンの後の電子音によりスタートする。

(3) 一定の間隔で 1 音ずつ電子音が鳴る。電子音が次に鳴るまでに20m 先の線に達し，足が線を越えるか，触れたら，その場で向きを変える。この動作を繰り返す。電子音の前に線に達してしまった場合は，向きを変え，電子音を待ち，電子音が鳴った後に走り始める。

(4) CD（テープ）によって設定された電子音の間隔は，初めはゆっくりであるが，約 1 分ごとに電子音の間隔は短くなる。すなわち，走速度は約 1 分ごとに増加していくので，できる限り電子音の間隔についていくようにする。

(5) CD（テープ）によって設定された速度を維持できなくなり走るのをやめたとき，または，2 回続けてどちらかの足で線に触れることができなくなったときに，テストを終了する。なお，電子音からの遅れが 1 回の場合，次の電子音に間に合い，遅れを解消できれば，テストを継続することができる。

3 記録
(1) テスト終了時（電子音についていけなくなった直前）の折り返しの総回数を記録とする。ただし，2 回続けてどちらかの足で線に触れることができなかったときは，最後に触れることができた折り返しの総回数を記録とする。

(2) 折り返しの総回数から最大酸素摂取量を推定する場合は，参考「20m シャトルラン（往復持久走）最大酸素摂取量推定表」を参照すること。

4 実施上の注意
(1) ランニングスピードのコントロールに十分注意し，電子音の鳴る時には，必ずどちらかの線上にいるようにする。CD（テープ）によって設定された速度で走り続けるようにし，走り続けることができなくなった場合は，自発的に退くことを指導しておく。

(2) テスト実施前のウォーミングアップでは，足首，アキレス腱，膝などの柔軟運動（ストレッチングなどを含む）を十分に行う。

(3) テスト終了後は，ゆっくりとした運動等によるクーリングダウンをする。

(4) 被測定者に対し，最初のランニングスピードがどの程度か知らせる。

(5) CD プレーヤー使用時は，音がとんでしまうおそれがあるので，走行場所から離して置く。

(6) 被測定者の健康状態に十分注意し，疾病及び傷害の有無を確かめ，医師の治療を受けている者や実施が困難と認められる者については，このテストを実施しない。

20m シャトルラン（往復持久走）　記録用紙

レベル1	1	2	3	4	5	6	7							
レベル2	8	9	10	11	12	13	14	15						
レベル3	16	17	18	19	20	21	22	23						
レベル4	24	25	26	27	28	29	30	31	32					
レベル5	33	34	35	36	37	38	39	40	41					
レベル6	42	43	44	45	46	47	48	49	50	51				
レベル7	52	53	54	55	56	57	58	59	60	61				
レベル8	62	63	64	65	66	67	68	69	70	71	72			
レベル9	73	74	75	76	77	78	79	80	81	82	83			
レベル10	84	85	86	87	88	89	90	91	92	93	94			
レベル11	95	96	97	98	99	100	101	102	103	104	105	106		
レベル12	107	108	109	110	111	112	113	114	115	116	117	118		
レベル13	119	120	121	122	123	124	125	126	127	128	129	130	131	
レベル14	132	133	134	135	136	137	138	139	140	141	142	143	144	
レベル15	145	146	147	148	149	150	151	152	153	154	155	156	157	
レベル16	158	159	160	161	162	163	164	165	166	167	168	169	170	171
レベル17	172	173	174	175	176	177	178	179	180	181	182	183	184	185
レベル18	186	187	188	189	190	191	192	193	194	195	196	197	198	199	200
レベル19	201	202	203	204	205	206	207	208	209	210	211	212	213	214	215
レベル20	216	217	218	219	220	221	222	223	224	225	226	227	228	229	230	231
レベル21	232	233	234	235	236	237	238	239	240	241	242	243	244	245	246	247

レベル	折り返し回数
レベル14	132

折り返すごとに、✓点を入れる。

立ち幅とび

1　準備

屋外で行う場合

砂場，巻き尺，ほうき，砂ならし。

砂場の手前（30cm～1m）に踏み切り線を引く。

屋内で行う場合

マット（6m程度），巻き尺，ラインテープ。

マットを壁に付けて敷く。

マットの手前（30cm～1m）の床にラインテープを張り踏み切り線とする。

2　方法

(1) 両足を軽く開いて，つま先が踏み切り線の前端にそろうように立つ。

(2) 両足で同時に踏み切って前方へとぶ。

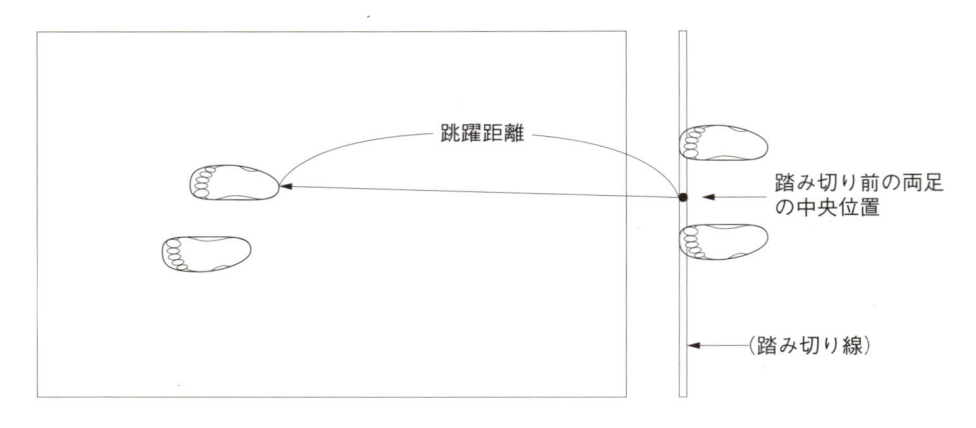

3　記録

(1) 身体が砂場（マット）に触れた位置のうち，最も踏み切り線に近い位置と，踏み切り前の両足の中央の位置（踏み切り線の前端）とを結ぶ直線の距離を計測する（上図参照）。

(2) 記録はセンチメートル単位とし，センチメートル未満は切り捨てる。

(3) 2回実施してよい方の記録をとる。

4　実施上の注意

(1) 踏み切り線から砂場（マット）までの距離は，被測定者の実態によって加減する。

(2) 踏み切りの際には，二重踏み切りにならないようにする。

(3) 屋外で行う場合，踏み切り線周辺及び砂場の砂面は，できるだけ整地する。

(4) 屋内で行う場合，着地の際にマットがずれないように，テープ等で固定するとともに，片側を壁につける。滑りにくい（ずれにくい）マットを用意する。

(5) 踏み切り前の両足の中央の位置を任意に決めておくと計測が容易になる。

(6) テスト実施前のウォーミングアップでは，足首，アキレス腱，膝などの柔軟運動（ストレッチングなどを含む）を十分に行う。

テストの得点表および総合評価

(1) 項目別得点表により，記録を採点する。
(2) 各項目の得点を合計し，総合評価をする。
(3) 体力年齢判定基準表により，体力年齢を判定する。

項目別得点表

男子

得点	握力	上体起こし	長座体前屈	反復横とび	急歩	20mシャトルラン	立ち幅とび	得点
10	62kg以上	33回以上	61cm以上	60点以上	8'47"以下	95回以上	260cm以上	10
9	58〜61	30〜32	56〜60	57〜59	8'48"〜9'41"	81〜94	248〜259	9
8	54〜57	27〜29	51〜55	53〜56	9'42"〜10'33"	67〜80	236〜247	8
7	50〜53	24〜26	47〜50	49〜52	10'34"〜11'23"	54〜66	223〜235	7
6	47〜49	21〜23	43〜46	45〜48	11'24"〜12'11"	43〜53	210〜222	6
5	44〜46	18〜20	38〜42	41〜44	12'12"〜12'56"	32〜42	195〜209	5
4	41〜43	15〜17	33〜37	36〜40	12'57"〜13'40"	24〜31	180〜194	4
3	37〜40	12〜14	27〜32	31〜35	13'41"〜14'29"	18〜23	162〜179	3
2	32〜36	9〜11	21〜26	24〜30	14'30"〜15'27"	12〜17	143〜161	2
1	31kg以下	8回以下	20cm以下	23点以下	15'28"以上	11回以下	142cm以下	1

女子

得点	握力	上体起こし	長座体前屈	反復横とび	急歩	20mシャトルラン	立ち幅とび	得点
10	39kg以上	25回以上	60cm以上	52点以上	7'14"以下	62回以上	202cm以上	10
9	36〜38	23〜24	56〜59	49〜51	7'15"〜7'40"	50〜61	191〜201	9
8	34〜35	20〜22	52〜55	46〜48	7'41"〜8'06"	41〜49	180〜190	8
7	31〜33	18〜19	48〜51	43〜45	8'07"〜8'32"	32〜40	170〜179	7
6	29〜30	15〜17	44〜47	40〜42	8'33"〜8'59"	25〜31	158〜169	6
5	26〜28	12〜14	40〜43	36〜39	9'00"〜9'27"	19〜24	143〜157	5
4	24〜25	9〜11	36〜39	32〜35	9'28"〜9'59"	14〜18	128〜142	4
3	21〜23	5〜8	31〜35	27〜31	10'00"〜10'33"	10〜13	113〜127	3
2	19〜20	1〜4	25〜30	20〜26	10'34"〜11'37"	8〜9	98〜112	2
1	18kg以下	0回	24cm以下	19点以下	11'38"以上	7回以下	97cm以下	1

総合評価基準表

段階	20歳〜24歳	25歳〜29歳	30歳〜34歳	35歳〜39歳	40歳〜44歳	45歳〜49歳	50歳〜54歳	55歳〜59歳	60歳〜64歳	段階
A	50以上	49以上	49以上	48以上	46以上	43以上	40以上	37以上	33以上	A
B	44〜49	43〜48	42〜48	41〜47	39〜45	37〜42	33〜39	30〜36	26〜32	B
C	37〜43	36〜42	35〜41	35〜40	33〜38	30〜36	27〜32	24〜29	20〜25	C
D	30〜36	29〜35	28〜34	28〜34	26〜32	23〜29	21〜26	18〜23	15〜19	D
E	29以下	28以下	27以下	27以下	25以下	22以下	20以下	17以下	14以下	E

体力年齢判定基準表

体力年齢	得点	体力年齢	得点
20歳〜24歳	46以上	50歳〜54歳	30〜32
25歳〜29歳	43〜45	55歳〜59歳	27〜29
30歳〜34歳	40〜42	60歳〜64歳	25〜26
35歳〜39歳	38〜39	65歳〜69歳	22〜24
40歳〜44歳	36〜37	70歳〜74歳	20〜21
45歳〜49歳	33〜35	75歳〜79歳	19以下

実施上の一般的注意

1 テスト実施前及び実施中には，被測定者の健康状態に十分注意し，事故防止に万全の注意を払う。

　なお，医師から運動を禁止または制限されている者はもちろん，当日の身体の異常（発熱，倦怠感など）を訴える者には行わない。

　また，測定する側の責任者の指導のもとに，別紙の「健康状態のチェック」を用いて，体調・薬物治療中の病気のチェックを必ず行う。

① 40歳未満の場合には，「健康状態のチェック」のうち，体調・既往症・薬物治療中の病気（Ⅰ及びⅡ）のチェックを必ず行う。

　＊特に前夜から今朝にかけての睡眠状態のチェックは必ず行う。
　＊朝食あるいは昼食をきちんと摂っているかどうかをチェックする。
　＊何か当てはまる場合には，血圧測定，心拍数測定を行うと共に，医師の判断を受ける。ただし，30歳以上の男性では必ず血圧測定を行うこと。
　＊可能な限り，医師が立ち会うことが望ましいが，看護師，保健師などが代行してもよい。
　＊医師が立ち会っていない場合には，「健康状態のチェック」で体の具合が悪い点があれば，テストは延期あるいは中止させる。
　＊薬物治療を受けている場合には，可能な限り主治医の許可を得るか，あるいは治療内容により，立ち会った医師が実施の可否を決定する。

② 40歳以上の場合には，「健康状態のチェック」を必ず行う。

　＊自覚症状のチェック，血圧測定，心拍数測定は必ず行う。特に胸痛などの胸部症状のチェックは注意深く行うべきである。
　＊特に前夜から今朝にかけての睡眠状態のチェックは必ず行う。
　＊可能な限り，医師が立ち会うことが望ましい。
　＊医師が立ち会っていない場合には，「健康状態のチェック」で体の具合が悪い点があれば，テストは延期あるいは中止させる。
　＊薬物治療を受けている場合には，可能な限り主治医の許可を得るか，あるいは治療内容により，立ち会った医師が実施の可否を決定する。

2 テストは定められた方法のとおり正確に行う。
3 テスト前後には，適切な準備運動及び整理運動を行う。
4 テスト場の整備，器材の点検を行う。
5 テストの順序は定められてはいないが，急歩，20mシャトルラン（往復持久走）は最後に実施する。
6 計器（握力計，ストップウォッチなど）は正確なものを使用し，その使用を誤らないようにする。すべての計器は使用前に検定することが望ましい。

健康状態のチェック

記述日：＿＿＿＿＿年＿＿＿月＿＿＿日

氏　名＿＿＿＿＿＿＿＿＿＿性＿＿＿生年月日＿＿＿＿年＿＿＿月＿＿＿日＿＿＿歳
　　　　　　　　　　　　　　（年齢は調査実施年度の４月１日現在の満年齢）

　以下の質問について，当てはまるものの番号を○印で囲んでください。また，必要に応じて，（　）内に記述してください。

Ⅰ．現在，体の具合の悪いことがありますか（体調が悪いですか）。
　　1．はい　　　2．いいえ
「はい」と答えた方は，以下の質問にも答えてください。
○どういう点ですか，以下から選んでください。
　　1．熱がある　　　2．頭痛がする　　　3．胸痛がある
　　4．胸がしめつけられる　　5．息切れが強い　　6．めまいがする
　　7．強い関節痛がある　　8．睡眠不足で非常に眠い　　9．強い疲労感がある
　　10．その他（＿＿＿＿＿＿＿＿＿＿＿＿＿＿＿＿＿＿＿＿＿＿＿）

Ⅱ．生まれてから現在までに，何か病気をしましたか（特に内科的疾患）。
　　1．はい　　　2．いいえ
「はい」と答えた方は，以下の質問にも答えてください。
○どのような病気ですか，以下から選んでください。
　　1．狭心症または心筋梗塞　　　2．不整脈（病名：＿＿＿＿＿＿＿）
　　3．その他の心臓病（病名：＿＿＿＿＿＿＿）　　4．高血圧症
　　5．脳血管障害（脳梗塞や脳出血）　　6．糖尿病　　7．高脂血症
　　8．貧血　　　9．気管支喘息
　　10．その他（＿＿＿＿＿＿＿＿＿＿＿＿＿＿＿＿＿＿＿＿＿＿＿）
○薬物治療を受けている病気がありますか。
　　1．はい　　　2．いいえ
「はい」と答えた方は以下にも答えてください。
　　（病名：＿＿＿＿＿＿＿＿＿＿＿＿＿＿＿＿＿＿＿＿＿＿＿＿＿＿）
分かれば服用している薬の名前を記述してください。
　　（薬剤名：＿＿＿＿＿＿＿＿＿＿＿＿＿＿＿＿＿＿＿＿＿＿＿＿）

Ⅲ．以下の項目を測定し，記述してください（現在の値を）。
　　○脈拍数＿＿＿＿＿＿拍／分
　　○血　圧＿＿＿＿＿＿／＿＿＿＿＿＿mmHg

3／20歳〜64歳対象

新体力テスト（20歳～64歳）
記録用紙

スポーツ庁

記入上の注意

1）「住所」は，居住地の都道府県名を記入してください。
2）「年齢」は，調査実施年度の4月1日現在の満年齢を記入してください。
3）「都市階級区分」については，居住地が次のいずれに該当するかを判断し，その番号を○で囲んでください。
　（1）　大・中都市…人口15万人以上の市，政令指定都市。
　（2）　小都市………人口15万人未満の市。
　（3）　町村
4）「職業」については，下記の職業分類にしたがって，本人の職業について該当する番号を○で囲んでください。
　（1）　農・林・漁業：農業作業者，林業作業者，漁業作業者など。
　（2）　労務：採掘作業者，運輸・通信従事者，技能工・生産工程作業者及び労務作業者など。
　（3）　販売・サービス業：商品販売従事者，販売類似職業従事者，サービス職業従事者など。
　（4）　事務・保安的職業：事務従事者，警察官・消防員・守衛などの保安職業従事者など。
　（5）　専門・管理的職業：技術者，保健医療従事者，法務従事者，教員，管理的公務員，会社
　　　　　　　　　　　　　役員など。
　（6）　主婦：（有職者を除く）
　（7）　無職：（主婦を除く）
　（8）　その他：
5）その他については，該当する番号を○で囲んでください。
6）2回テストをする項目については，そのよい方の記録の左側に○印をつけてください。
7）総合評価については，該当する記号を○で囲んでください。

No.		氏　名		本人の住所	都道府県
1. 令和　年4月1日現在の年齢			歳	2. 性　別	男　・　女
3. 都市階級区分			1. 大・中都市　　2. 小都市　　3. 町村		
4. 職業		1. 農・林・漁業　　2. 労　務　　3. 販売・サービス　　4. 事務・保安 5. 専門・管理　　6. 主　婦　　7. 無　職　　8. その他（　　　）			
5. 健康状態について		1. 大いに健康　　2. まあ健康　　3. あまり健康でない			
6. 体力について		1. 自信がある　　2. 普通である　　3. 不安がある			
7. スポーツクラブへの所属状況		1. 所属している　　2. 所属していない			
8. 運動・スポーツの実施状況		1. ほとんど毎日（週3〜4日以上）　　2. ときどき（週1〜2日程度） 3. ときたま（月1〜3日程度）　　4. しない			
9. 1日の運動・スポーツ実施時間		1. 30分未満　　2. 30分〜1時間　　3. 1〜2時間　　4. 2時間以上			
10. 朝食の有無		1. 毎日食べる　　2. 時々欠かす　　3. まったく食べない			
11. 1日の睡眠時間		1. 6時間未満　　2. 6時間以上8時間未満　　3. 8時間以上			
12. 学校時代の運動部 （クラブ）活動の経験		1. 中学校のみ　2. 高校のみ　　3. 大学のみ　　　4. 中学校・高校 5. 高校・大学　6. 中学校・大学　7. 中学校・高校・大学　8. 経験なし			
13. 体　格		1. 身　長　・　　cm　　2. 体　重　・　　kg			

項　　目		記　　　　録		得　点
1. 握　力	右	1回目　　　kg	2回目　　　kg	
	左	1回目　　　kg	2回目　　　kg	
	平均		kg	
2. 上体起こし			回	
3. 長座体前屈		1回目　　　cm	2回目　　　cm	
4. 反復横とび		1回目　　　点	2回目　　　点	
5. 急歩			分　　　秒	
	20mシャトルラン（往復持久走）	折り返し数　　回（最大酸素摂取量　　ml/kg・分）		
6. 立ち幅とび		1回目　　　cm	2回目　　　cm	
得　点　合　計				
総　合　評　価		A　　B　　C　　D　　E		
体　力　年　齢			歳　〜　　歳	

3／20歳〜64歳対象

［参考］20m シャトルラン（往復持久走）　最大酸素摂取量推定表【20〜64歳】

平成12年3月改訂

折り返し数	推定最大酸素摂取量 (ml／kg・分)	折り返し数	推定最大酸素摂取量 (ml／kg・分)	折り返し数	推定最大酸素摂取量 (ml／kg・分)	折り返し数	推定最大酸素摂取量 (ml／kg・分)
8	27.8	46	36.4	84	44.9	122	53.5
9	28.0	47	36.6	85	45.1	123	53.7
10	28.3	48	36.8	86	45.4	124	53.9
11	28.5	49	37.0	87	45.6	125	54.1
12	28.7	50	37.3	88	45.8	126	54.4
13	28.9	51	37.5	89	46.0	127	54.6
14	29.2	52	37.7	90	46.3	128	54.8
15	29.4	53	37.9	91	46.5	129	55.0
16	29.6	54	38.2	92	46.7	130	55.3
17	29.8	55	38.4	93	46.9	131	55.5
18	30.1	56	38.6	94	47.2	132	55.7
19	30.3	57	38.8	95	47.4	133	55.9
20	30.5	58	39.1	96	47.6	134	56.2
21	30.7	59	39.3	97	47.8	135	56.4
22	31.0	60	39.5	98	48.1	136	56.6
23	31.2	61	39.7	99	48.3	137	56.8
24	31.4	62	40.0	100	48.5	138	57.1
25	31.6	63	40.2	101	48.7	139	57.3
26	31.9	64	40.4	102	49.0	140	57.5
27	32.1	65	40.6	103	49.2	141	57.7
28	32.3	66	40.9	104	49.4	142	58.0
29	32.5	67	41.1	105	49.6	143	58.2
30	32.8	68	41.3	106	49.9	144	58.4
31	33.0	69	41.5	107	50.1	145	58.6
32	33.2	70	41.8	108	50.3	146	58.9
33	33.4	71	42.0	109	50.5	147	59.1
34	33.7	72	42.2	110	50.8	148	59.3
35	33.9	73	42.4	111	51.0	149	59.5
36	34.1	74	42.7	112	51.2	150	59.8
37	34.3	75	42.9	113	51.4	151	60.0
38	34.6	76	43.1	114	51.7	152	60.2
39	34.8	77	43.3	115	51.9	153	60.4
40	35.0	78	43.6	116	52.1	154	60.7
41	35.2	79	43.8	117	52.3	155	60.9
42	35.5	80	44.0	118	52.6	156	61.1
43	35.7	81	44.2	119	52.8	157	61.3
44	35.9	82	44.5	120	53.0		
45	36.1	83	44.7	121	53.2		

新体力テスト Q&A

上体起こし

Q 体型によって両肘が両大腿部につかない場合はどうすればよいですか。
A 腹部等がさまたげになって,「両肘と両大腿部がつくまで起こす」ことが困難な場合は,両肘と両大腿部がつくように努力して上体が垂直になるように起こしてください。その際,上体が起きていれば1回とカウントしてかまいません。

Q 体型によって肩甲骨がマットにつかない場合はどうすればよいですか。
A 背中がつけば1回とカウントしてかまいません。

Q 背中(肩甲骨)がマットについた判定が難しい場合はどうすればよいですか。
A 確認しにくい場合は,もう一人の測定者を準備し,一人はマットにつくかどうか,一人は両肘と両大腿部がつくかどうかを判定するなどの工夫をしてください。

Q 補助者の補助の仕方を教えてください。
A 補助者は被測定者の足の上に腰を下ろして,下腿を抱え,膝の角度が変わらないように注意してください(膝の角度は,90度が基本です)。それでも,角度が変わってきたら被測定者に注意を与えてください。膝の関節角度が大きくなると,腰に負担がかかるうえに,上体起こしが実施しにくくなります。

Q 両膝が開き気味になった場合はだめですか。
A しっかり固定して,やり直して下さい。

Q 膝の角度を90度に保つのはどうしてですか。
A 腰にかかる負担を少なくして,テストによる腰痛の発生を防ぐためです。

Q 上体起こしの回数をはかることによって何がわかりますか。
A このテストは,主として腹筋群の筋力・筋持久力をみるテストです。この部分の筋群の発達状態は腰痛予防にもつながりますので,単に腹部の筋群の筋力・筋持久力をみるだけでなく健康関連体力をみる意味もあります。

Q 上体起こしは,高齢者にとってどんな意味があるテストですか。また,できない場合はどうすればよいですか。
A このテストは筋力・筋持久力をみるものですが,高齢者にとっては,自分の身体をコントロールする能力のひとつ(仰臥姿勢から起き上がれるか否か)をみるテストとしても重要な意味があります。
　また,規定の姿勢で起き上がることが「できる」か「できない」かをみて,「できる」人は何回できるかを調べるものですから,「できない」人に実施させようとしたり,無理

してがんばらせることは避けてください。

長座体前屈

Q 体の大きさ（身長等）が測定値に影響するのではないですか。
A 初期姿勢を0とし，そこからの移動距離を計測するのですから，正しい初期姿勢をとれば，影響はでません。

Q 箱が測定中に横にずれてしまった場合はどうすればよいですか。
A やり直してください。
要項にあるように，箱がスムーズに滑るように床面の状況に気を付けてください。また，ガイドレールを付ける等の工夫をしてください。

Q 足の大きい人は，足先が引っかかってしまうのではないですか。
A 要項にあるように，靴を脱いで実施してください。また，足首は固定しないでください。

Q 頭は壁につけなくてよいのですか。
A 体型・年齢等の関係で難しい場合があります。背筋を伸ばすことが大切です。

Q なぜ親指と他の指で厚紙を挟んではいけないのですか。
A 上肢の筋肉によけいな緊張を起こさせないためです。

Q なぜ立位体前屈でなく，長座体前屈なのですか。
A 立位体前屈と比較して，幅広い年齢層にとって測定上安全であり，また，精神的負担も少ないからです。

Q 高齢者の腰の曲がっている人で壁に背・尻をぴったりとつけることが難しい場合にはどうすればよいですか。
A できる範囲で初期姿勢の規定をとるように指示してください。

20mシャトルラン（往復持久走）

Q ライン到達の判定が難しい場合はどうすればよいですか。
A 判定が難しい場合は3人一組になり，2人がそれぞれのラインの判定をするなどの工夫をしてください。

Q 電子音からの遅れが1回の場合，次の電子音に間に合い，遅れを解消できれば，テストを継続できるとありますが，間に合わなかったときは，その場で向きを変えて次の折り返しまでに遅れを取り戻せばよいのですか。
A 一度間に合わなかったラインまで走り，次の折り返しまでに遅れを取り戻すことができた場合です。

Q 普段運動をしていない人にとっては，運動の強度が強すぎるのではないですか。
A テストの中止は本人の主観にゆだねられています。運動の強度が「きつい」あるいは「もう限界だ」と感じたところで，運動を中止することができます。走る速度ははじめはゆっくりとした速度から約1分ごとに速くなっていくので，主観的に努力してがんばるのはテストを中止する前の3〜5往復のみです。テスト実施前には，ウォーミングアップを十分に実施するとともに，決して無理をしないことを十分に注意してください。

また，初めてテストを実施する人には2〜3往復程度の練習をさせてください。

立ち幅とび

Q 屋内で実施する場合，マットと床の段差分，測定値に差がでるのではないですか。
A マットの高さは，測定値の誤差の範囲です。

Q 床からの踏み切りではなく，マット上から踏み切ってもよいですか。
A マットが二度ずれる原因となり，誤差が大きくなります。また，危険回避の面からも踏み切り時にマットがずれることは望ましくありません。

4. 65歳〜79歳対象

Ⅰ　テストの対象

65歳から79歳までの男女

Ⅱ　テスト項目

ADL

※以下のテスト項目については，ADLによるテスト項目実施のスクリーニングに関する判定基準により，その実施の可否を検討する。

握力
上体起こし
長座体前屈
開眼片足立ち
10m障害物歩行
6分間歩行

Ⅲ　テストの得点表および総合評価

項目別得点表
総合評価基準表

Ⅳ　実施上の一般的注意

ADL（日常生活活動テスト）

1　準備

　「ADL（日常生活活動テスト）」質問紙を準備する。

2　方法

　質問紙に回答させる。

3　記録

　(1)　各設問につき，選択肢の中から当てはまるものを1つ選び，選択肢番号に○をつけるとともに，選択肢の番号を右の□の中に記入する。

　(2)　各設問とも，1に回答の場合は1点，2は2点，3は3点として合計し，総合得点を下の□の中に記入する。また，ADLによるテスト項目実施のスクリーニングに関する判定基準を参照し，テスト実施の可否についての判定を下の□の中に記入する。

4　実施上の注意

　(1)　集合調査が可能な場合は，測定者が設問文を読み上げ，回答させることも有効である。

　(2)　老眼鏡を持参させるとよい。

ADL（日常生活活動テスト）

* 各問について，該当するものを1つ選び，その番号を□の中に，該当するものが無い場合は×を記入してください。

問1 <u>休まないで</u>，どれくらい歩けますか。
    1. 5～10分程度　　　2. 20～40分程度　　　3. 1時間以上　　□

問2 <u>休まないで</u>，どれくらい走れますか。
    1. 走れない　　　　　2. 3～5分程度　　　　3. 10分以上　　□

問3 どれくらいの幅の溝だったら，とび越えられますか。
    1. できない　　　　　2. 30cm程度　　　　　3. 50cm程度　　□

問4 <u>階段</u>をどのようにして昇りますか。
    1. 手すりや壁につかまらないと昇れない
    2. ゆっくりなら，手すりや壁につかまらずに昇れる
    3. サッサと楽に，手すりや壁につかまらずに昇れる　　□

問5 <u>正座の姿勢</u>からどのようにして，立ち上がれますか。
    1. できない
    2. 手を床についてなら立ち上がれる
    3. 手を使わずに立ち上がれる　　□

問6 <u>目を開けて片足で</u>，何秒くらい立っていられますか。
    1. できない　　　　　2. 10～20秒程度　　　3. 30秒以上　　□

問7 バスや電車に乗ったとき，立っていられますか。
    1. 立っていられない
    2. 吊革や手すりにつかまれば立っていられる
    3. 発車や停車の時以外は何にもつかまらずに立っていられる　　□

問8 <u>立ったままで</u>，ズボンやスカートがはけますか。
    1. 座らないとできない
    2. 何かにつかまれば立ったままできる
    3. 何にもつかまらないで立ったままできる　　□

問9 <u>シャツの前ボタン</u>を，掛けたり外したりできますか。
    1. 両手でゆっくりとならできる
    2. 両手で素早くできる
    3. 片手でもできる　　□

問10 <u>布団の上げ下ろし</u>ができますか。
    1. できない
    2. 毛布や軽い布団ならできる
    3. 重い布団でも楽にできる　　□

問11 どれくらいの重さの荷物なら，<u>10m</u>運べますか。
    1. できない　　　　　2. 5kg程度　　　　　3. 10kg程度　　□

問12 <u>仰向けに寝た姿勢</u>から，手を使わないで，上体だけを起こせますか。
    1. できない　　　　　2. 1～2回程度　　　　3. 3～4回以上　　□

総合得点 □　　判定 □

ADL によるテスト項目実施のスクリーニングに関する判定基準

【スクリーニング項目】

問	内　　容	回答状況及び判定
1	休まないで，どれくらい歩けますか。 ①5～10分程度　②20～40分程度　③1時間以上	問1，5及び6において①に回答した場合 →→6分間歩行，10m障害物歩行及び開眼片足立ちテストは実施不可能 　その他のテスト項目の実施についても慎重な検討を要する。
5	正座の姿勢からどのようにして，立ち上がれますか。 ①できない ②手を床についてなら立ち上がれる ③手を使わずに立ち上がれる	
6	目を開けて片足で，何秒くらい立っていられますか。 ①できない　②10～20秒程度　③30秒以上	
3	どれくらいの幅の溝だったら，とび越えられますか。 ①できない　②30cm程度　③50cm程度	問1，5及び6において①以外に回答し，問3，4のいずれかにおいて①に回答した場合 →→6分間歩行及び10m障害物歩行テストの実施について慎重な検討を要する。 　特に，6分間歩行テストの実施
4	段階をどのようにして昇りますか。 ①手すりや壁につかまらないと昇れない ②ゆっくりなら，手すりや壁につかまらずに昇れる ③サッサと楽に，手すりや壁につかまらずに昇れる	
10	布団の上げ下ろしができますか。 ①できない ②毛布や軽い布団ならできる ③重い布団でも楽にできる	問10及び12において①に回答した場合 →→上体起こしテストは実施不可能
12	仰向けに寝た姿勢から，手を使わないで，上体だけを起こせますか。 ①できない　②1～2回程度　③3～4回以上	
2	休まないで，どれくらい走れますか。 ①走れない　②3～5分程度　③10分以上	問2及び11において③と回答した場合 →→特別な障害がない限り全てのテスト項目について実施可能
11	どれくらいの重さの荷物なら，10m運べますか。 ①できない　②5kg程度　③10kg程度	

【総合得点によるテスト実施のスクリーニング】＊全設問に回答（無回答なし）の場合に利用
各設問とも，①に回答の場合は1点，②は2点，③は3点として合計し，総合得点とする。

総合得点	回答状況	判定	判定に関する条件
12点以下	全ての設問において①に回答	×	**6分間歩行，上体起こし，開眼片足立ち及び10m障害物歩行**テストは実施不可能
24点未満	設問によっては回答②あるいは，回答③も含まれる。	△	**6分間歩行，上体起こし及び10m障害物歩行**テストの実施について慎重な検討を要する。特に，問1，5及び6の回答に注意する。被測定者の状態により，それ以外のテスト項目の実施についても慎重な検討を要する。
24点以上	ほぼ全ての設問において回答②以上に回答する。 設問によっては回答①あるいは，回答③も含まれる。	○	特別な障害がない限り全てのテスト項目について実施可能 ただし，問1，3，4，5，6において回答①が含まれる場合，実施可能テスト項目について慎重な検討を要する。

握　力

1　準備
スメドレー式握力計。

2　方法
(1) 握力計の指針が外側になるように持ち，図のように握る。この場合，人差し指の第2関節が，ほぼ直角になるように握りの幅を調節する。
(2) 直立の姿勢で両足を左右に自然に開き腕を自然に下げ，握力計を身体や衣服に触れないようにして力いっぱい握りしめる。この際，握力計を振り回さないようにする。

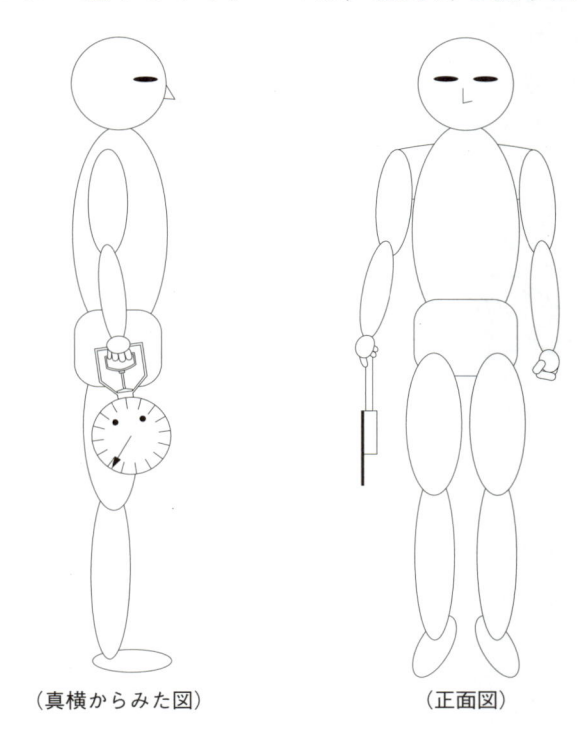

（真横からみた図）　　　（正面図）

3　記録
(1) 右左交互に2回ずつ実施する。
(2) 記録はキログラム単位とし，キログラム未満は切り捨てる。
(3) 左右おのおののよい方の記録を平均し，キログラム未満は四捨五入する。

4　実施上の注意
(1) このテストは，右左の順に行う。
(2) このテストは，同一被測定者に対して2回続けて行わない。

上体起こし

1　準備

ストップウォッチ，マット。

2　方法

(1) マット上で仰臥姿勢をとり，両手を軽く握り，両腕を胸の前で組む。両膝の角度を90°に保つ。

(2) 補助者は2名とし，一人は被測定者の両膝をおさえ，固定する。他の一人は，被測定者の頭部側に位置し，被測定者の頭部の安全を確保する。

(3) 「始め」の合図で，仰臥姿勢から，両肘と両大腿部がつくまで上体を起こす。

(4) すばやく開始時の仰臥姿勢に戻す。

(5) 30秒間，前述の上体起こしを出来るだけ多く繰り返す。

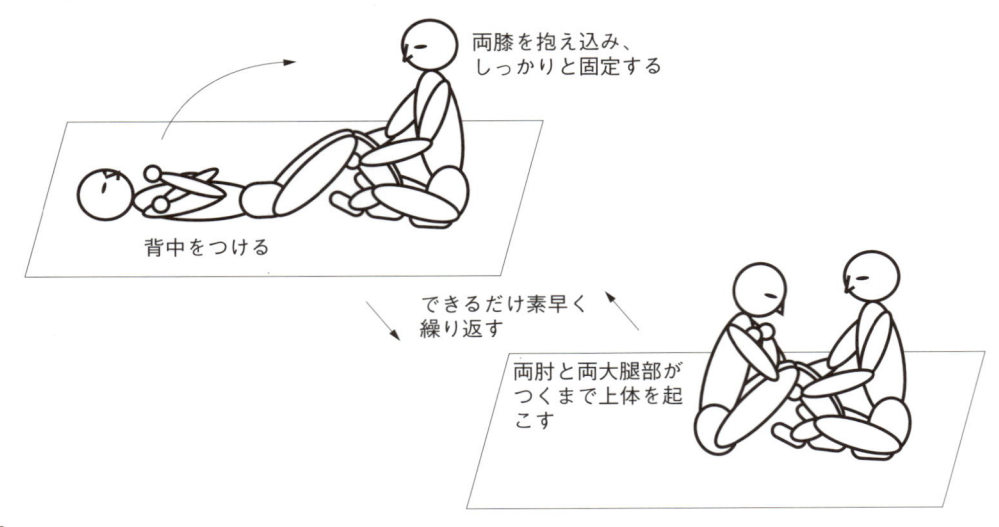

3　記録

(1) 30秒間の上体起こし（両肘と両大腿部がついた）回数を被測定者の両膝をおさえ，固定した補助者が記録する。

　　ただし，仰臥姿勢に戻したとき，背中がマットにつかない場合は，回数としない。

(2) 実施は1回とする。

4　実施上の注意

(1) ADLの問10及び12で「1.できない」と答えた被測定者や腰痛の自覚症状があったり，不安を感じる被測定者については，このテストを実施しない。

(2) 両腕を組み，両脇をしめる。仰臥姿勢の際は，背中（肩甲骨）がマットにつくまで上体を倒す。

(3) 補助者は被測定者の下肢が動かないように両腕で両膝をしっかり固定する。しっかり固定するために，補助者は被測定者より体格が大きい者が望ましい。

(4) 被測定者の頭部の安全を確保するために配置された補助者は，被測定者の動作が頭部をマットに打ちつける危険があると感じた場合には，即座に中止させる。

(5) 被測定者と補助者の頭がぶつからないように注意する。

(6) 被測定者のメガネは，はずすようにする。

長座体前屈

1　準備

　幅約22cm・高さ約24cm・奥行き約31cmの箱2個（A4コピー用紙の箱など），段ボール厚紙1枚（横75～80cm×縦約31cm），ガムテープ，スケール（1m巻き尺または1mものさし）。

　高さ約24cmの箱を，左右約40cm離して平行に置く。その上に段ボール厚紙をのせ，ガムテープで厚紙と箱を固定する（段ボール厚紙が弱い場合は，板などで補強してもよい）。床から段ボール厚紙の上面までの高さは，25cm（±1cm）とする。右または左の箱の横にスケールを置く。

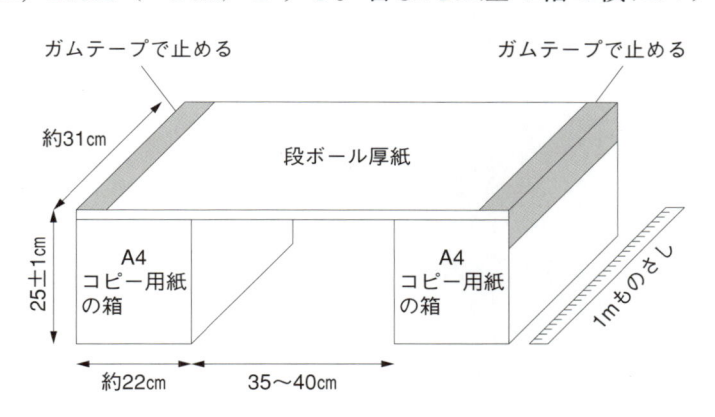

2　方法

(1)　初期姿勢：被測定者は，両脚を両箱の間に入れ，長座姿勢をとる。壁に背・尻をぴったりとつける。ただし，足首の角度は固定しない。肩幅の広さで両手のひらを下にして，手のひらの中央付近が，厚紙の手前端にかかるように置き，胸を張って，両肘を伸ばしたまま両手で箱を手前に十分引きつけ，背筋を伸ばす。

(2)　初期姿勢時のスケールの位置：初期姿勢をとったときの箱の手前右または左の角に零点を合わせる。

(3)　前屈動作：被測定者は，両手を厚紙から離さずにゆっくりと前屈して，箱全体を真っ直ぐ前方にできるだけ遠くまで滑らせる。このとき，膝が曲がらないように注意する。最大に前屈した後に厚紙から手を離す。

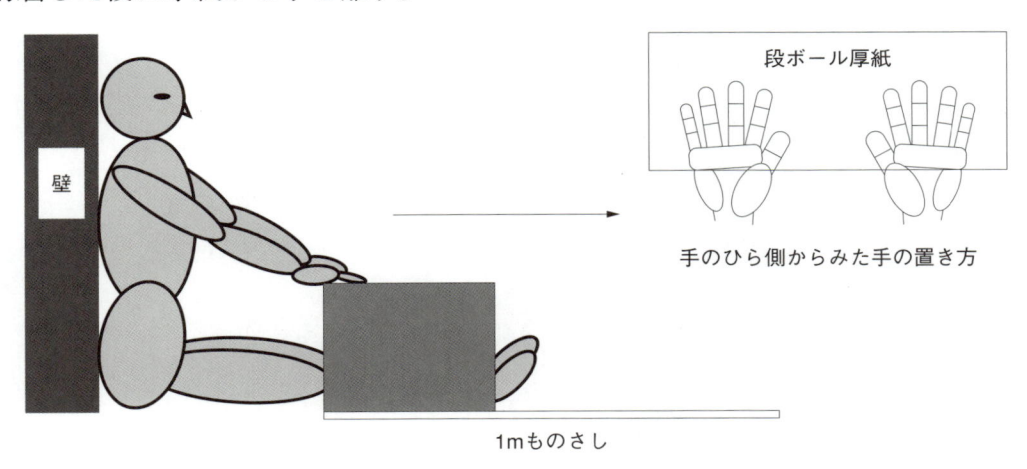

3　記録

(1)　初期姿勢から最大前屈時の箱の移動距離をスケールから読み取る。

(2) 記録はセンチメートル単位とし，センチメートル未満は切り捨てる。
(3) 2回実施してよい方の記録をとる。

4　実施上の注意
(1) 前屈姿勢をとったとき，膝が曲がらないように気をつける。
(2) 箱が真っ直ぐ前方に移動するように注意する（ガイドレールを設けてもよい）。
(3) 箱がスムーズに滑るように床面の状態に気をつける。
(4) 靴を脱いで実施する。

開眼片足立ち

1　準備

ストップウォッチ。

2　方法

(1) 素足で行う。

(2) 両手を腰に当て，どちらの足が立ちやすいかを確かめるため，片足立ちを左右について行う。

(3) 支持脚が決まったら，両手を腰に当て，「片足を挙げて」の合図で片足立ちの姿勢をとる（片足を前方に挙げる）。

3　記録

(1) 片足立ちの持続時間を計測する。ただし，最長120秒で打ち切る。

(2) 記録は秒単位とし，秒未満は切り捨てる。

(3) 2回実施してよい方の記録をとる（1回目が120秒の場合には，2回目は実施しない）。

4　実施上の注意

(1) 滑らない床で実施する。

(2) 被測定者の周りには，物を置かない。段差や傾斜がある場所も避ける。

(3) 実施前に，被測定者に以下の事項を伝える。

　① 片足でできるだけ長く立つテストであること。

　② 片足立ちの姿勢は，支持脚の膝を伸ばし，もう一方の足を前方に挙げ，挙げた足は支持脚に触れない姿勢であること。

　③ テスト終了の条件は，(a)挙げた足が支持脚や床に触れた場合
　　　　　　　　　　　　(b)支持脚の位置がずれた場合
　　　　　　　　　　　　(c)腰に当てた両手，もしくは片手が腰から離れた場合

であること。

(4) 「始め」という合図をすると，それだけでバランスを崩す人がいるので，「片足を挙げて」の合図をし，片足立ちになった時から計測する方がよい。

(5) 測定者は，被測定者がバランスを崩したとき，即座に支えられるような準備をしておく。

(6) 終了の条件を徹底しておく。また，被測定者に練習をさせておくとよい。

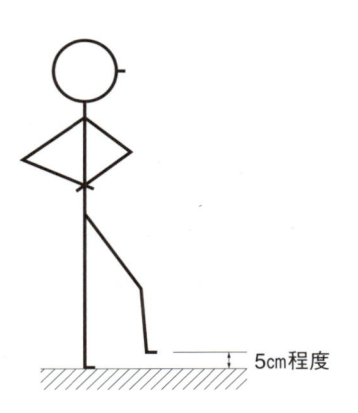

10m 障害物歩行

1　準備

ストップウォッチ，障害物（下図），ビニールテープ（幅5cm），巻き尺。

障害物の素材・形状等（発泡スチロール製，ウレタン製，紙製など軽量で安全なもの。色は白が望ましい。）

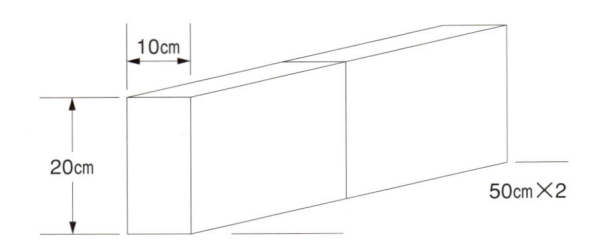

(1)　床にビニールテープで10mの直線を引く。

(2)　スタートからゴール地点まで2m間隔に，1mくらいの線を引き，下図のように障害物を置く。

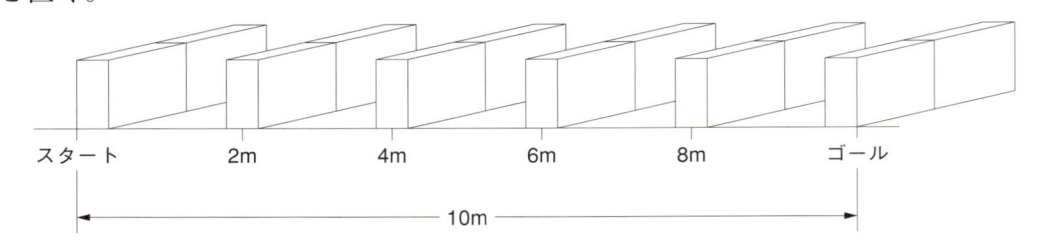

2　方法

(1)　スタートライン上の障害物の中央後方にできるだけ近づいて両足をそろえて立つ。

　　スタートの合図によって歩き始め，6個の障害物をまたぎ越す。

　　10m（ゴール）地点の障害物をまたぎ越して，片足が接地した時点をゴールとする。

(2)　走ったり，とび越した場合は，やり直しとする。障害物を倒した場合はそのまま継続する。

3　記録

(1)　スタートの合図から最後の障害をまたいだ足が床に着地するまでの時間を計測する。

(2)　記録は1／10秒単位とし，1／10秒未満は切り上げる。

(3)　2回実施してよい方の記録をとる。

4　実施上の注意

(1)　滑らない床で実施する。

(2)　実施前に，被測定者に，次のことを伝える。

　　①障害物を歩いてまたぎ越すこと。

　　②障害物はどちらの足でまたぎ越してもよい。

　　③走ったり，とび越したりしないこと。

　　④障害物を倒しても，そのままゴールまで歩く。

(3)　1度練習をさせるとよい。

(4)　走ったり，とび越したりしないことを徹底する。

(5)　つまずき予防のテストであることを理解してもらう。

6分間歩行

1　準備

ストップウォッチ，スタート合図用旗，笛，距離を知らせる目印。
一周30m以上の周回路または50m以上の折り返し直線路に，5m毎に目印を置く。
（※　10m間隔で白い目印，5m目に赤い目印等を置くと計測が容易になる。）

2　方法

(1)　十分な準備運動の後，スタートラインに立つ。（全員が同じ位置からスタートするよりも，5mずつずらした位置からスタートできるようにすれば理想的である。直線路を用いる場合には，常にラインが左手になるように歩くように指示する）

(2)　両肘を軽く伸ばし，できるだけよい歩行姿勢を保ち，普段歩く速さで6分間歩く。

(3)　スタートの合図で歩行を開始する。

(4)　測定者は，被測定者が走ることがないように，またいつも片方の足が地面についた状態を保って歩くように指示する。

(5)　スタートから1分毎に，その経過時間を伝える。

(6)　6分目に終了の合図をする。

3　記録

記録は5m単位とし，5m未満は切り捨てる。

4　実施上の注意

(1)　被測定者の健康状態に注意し，疾病の有無，当日の体調をチェックする。医師の治療を受けている者，風邪気味の者，熱がある者，二日酔いの者，当日の血圧が160／95mmHg以上の者などについては，このテストを実施しない。

(2)　ADLの問1で「1．5～10分程度」と答えた被測定者については，このテストを実施しない。

(3)　実施前に，被測定者に，次のことを伝える。
　①競争でないので，他人と競わないこと。
　②走らないこと，とび上がらないこと（片方の足が必ず地面についていること）。
　③6分経ったら笛で合図をするので，その位置を確認すること。

(4)　競争をしたり，無理なペースに陥らないように徹底させる。

(5)　準備運動を十分に行わせる。

(6)　比較的長い時間続けて歩くことができる能力の目安となるテストであることを理解してもらう。

テストの得点表および総合評価

(1) 項目別得点表により，記録を採点する。
(2) 各項目の得点を合計し，総合評価をする。

項目別得点表

男 子

得点	握力	上体起こし	長座体前屈	開眼片足立ち	10m 障害物歩行	6 分間歩行	得点
10	49kg以上	21回以上	56cm以上	120秒以上	4.4秒以下	755m 以上	10
9	45～48	19～20	51～55	73～119	4.5～5.0	695～754	9
8	42～44	16～18	46～50	46～72	5.1～5.6	645～694	8
7	39～41	14～15	41～45	31～45	5.7～6.1	595～644	7
6	36～38	12～13	36～40	21～30	6.2～7.0	550～594	6
5	32～35	10～11	31～35	15～20	7.1～7.8	510～549	5
4	29～31	7～9	26～30	10～14	7.9～8.5	470～509	4
3	25～28	4～6	21～25	7～9	8.6～9.4	430～469	3
2	22～24	1～3	14～20	5～6	9.5～11.0	390～429	2
1	21kg以下	0回	13cm以下	4秒以下	11.1秒以上	389m 以下	1

女 子

得点	握力	上体起こし	長座体前屈	開眼片足立ち	10m 障害物歩行	6 分間歩行	得点
10	32kg以上	17回以上	56cm以上	120秒以上	5.0秒以下	690m 以上	10
9	29～31	15～16	51～55	67～119	5.1～5.8	640～689	9
8	27～28	13～14	47～50	40～66	5.9～6.5	610～639	8
7	25～26	11～12	43～46	26～39	6.6～7.2	570～609	7
6	22～24	9～10	39～42	18～25	7.3～8.0	525～569	6
5	20～21	7～8	35～38	12～17	8.1～9.0	480～524	5
4	17～19	5～6	30～34	8～11	9.1～10.4	435～479	4
3	14～16	3～4	24～29	5～7	10.5～12.6	400～434	3
2	12～13	1～2	18～23	4	12.7～15.0	340～399	2
1	11kg以下	0回	17cm以下	3秒以下	15.1秒以上	339m 以下	1

総合評価基準表

段階	65歳～69歳	70歳～74歳	75歳以上
A	49以上	46以上	43以上
B	41～48	38～45	34～42
C	33～40	30～37	26～33
D	25～32	22～29	18～25
E	24以下	21以下	17以下

実施上の一般的注意

1 テスト実施前及び実施中には，被測定者の健康状態に十分注意する。
　なお，測定する側の責任者の指導のもとに，以下の手順で健康状態のチェックを必ず行い，事故防止に万全を期する。
　① テストを実施する前に，あらかじめ被測定者に別紙の健康状態のチェック表及び ADL（日常生活活動テスト）に記入してもらっておく。
　② ADL（日常生活活動テスト）の回答状況について「ADL によるテスト項目実施のスクリーニングに関する判定基準」により判定し，テスト実施の可否について検討する。
　③ 原則として，テストには医師が立ち会うものとする。
　④ 立ち会った医師（保健師あるいは看護師）は，テスト前に健康状態のチェック表を確認し，必要に応じてさらに問診を行う。
　　＊特に前夜から今朝にかけての睡眠状態のチェックは必ず行う。
　　＊特に胸痛などの胸部症状のチェックは注意深く行うべきである。
　⑤ 血圧測定及び脈拍数測定は必ず行う。血圧測定は，可能な限り立ち会った医師が聴診法により行う。医師が立ち会わない場合あるいは被測定者が多人数の場合には，自動血圧計または医師以外の血圧測定に熟知した者による測定でもよい。
　⑥ 立ち会った医師は，④，⑤のデータを総合的に判断し，テストの実施の可否やテストの一部の禁止などを決定する。
　⑦ 医師が立ち会っていない場合には，健康状態のチェック表で体の具合が悪い点があれば，テストを延期あるいは中止させる。
　⑧ 医師が立ち会っていない場合，収縮期血圧が160mmHg 以上，拡張期血圧95mmHg 以上の時，脈拍数が100拍／分以上の時には，テストを延期あるいは中止させる。
　　＊ただし被測定者が強く希望する場合には，長座体前屈，開眼片足立ち，10m 障害物歩行に関しては実施可能とする。
　⑨ 薬物治療を受けている場合には，可能な限り主治医の許可を得るか，あるいは治療内容により，立ち会った医師が実施の可否を決定する。
2 テストは定められた方法のとおり正確に行う。
3 テスト前後には，適切な準備運動及び整理運動を行う。
4 テスト場の整備，器材の点検を行う。
5 テストの順序は定められてはいないが，6分間歩行は最後に実施する。
6 計器（握力計，ストップウォッチなど）は正確なものを使用し，その使用を誤らないようにする。すべての計器は使用前に検定することが望ましい。

健康状態のチェック

記述日：＿＿＿＿年＿＿月＿＿日

氏　名＿＿＿＿＿＿＿性＿＿生年月日＿＿年＿＿月＿＿日＿＿歳

（年齢は調査実施年度の４月１日現在の満年齢）

　以下の質問について，当てはまるものの番号を○印で囲んでください。また，必要に応じて，（　）内に記述してください。

Ⅰ．現在，体の具合の悪いことがありますか（体調が悪いですか）。
　　1．はい　　　2．いいえ
「はい」と答えた方は，以下の質問にも答えてください。
○どういう点ですか，以下から選んでください。
　　1．熱がある　　　2．頭痛がする　　　3．胸痛がある
　　4．胸がしめつけられる　　5．息切れが強い　　6．めまいがする
　　7．強い関節痛がある　　8．睡眠不足で非常に眠い　　9．強い疲労感がある
　　10．その他（＿＿＿＿＿＿＿＿＿＿＿＿＿＿＿＿＿＿＿＿＿）

Ⅱ．生まれてから現在までに，何か病気をしましたか（特に内科的疾患）。
　　1．はい　　　2．いいえ
「はい」と答えた方は，以下の質問にも答えてください。
○どのような病気ですか，以下から選んでください。
　　1．狭心症または心筋梗塞　　　2．不整脈（病名：＿＿＿＿＿＿）
　　3．その他の心臓病（病名：＿＿＿＿＿＿）　　4．高血圧症
　　5．脳血管障害（脳梗塞や脳出血）　　6．糖尿病　　7．高脂血症
　　8．貧血　　9．気管支喘息
　　10．その他（＿＿＿＿＿＿＿＿＿＿＿＿＿＿＿＿＿＿＿＿＿＿）
○薬物治療を受けている病気がありますか。
　　1．はい　　　2．いいえ
「はい」と答えた方は以下にも答えてください。
　　（病名：＿＿＿＿＿＿＿＿＿＿＿＿＿＿＿＿＿＿＿＿＿＿＿＿）
分かれば服用している薬の名前を記述してください。
　　（薬剤名：＿＿＿＿＿＿＿＿＿＿＿＿＿＿＿＿＿＿＿＿＿＿＿）

Ⅲ．以下の項目を測定し，記述してください（現在の値を）。
　　○脈拍数＿＿＿＿拍／分
　　○血　圧＿＿＿＿／＿＿＿＿mmHg

新体力テスト（65歳〜79歳）
記録用紙

スポーツ庁

記入上の注意

1)「住所」は，居住地の都道府県名を記入してください。
2)「年齢」は，調査実施年度の4月1日現在の満年齢を記入してください。
3)「都市階級区分」については，居住地が次のいずれに該当するかを判断し，その番号を○で囲んでください。
　(1)　大・中都市…人口15万人以上の市，政令指定都市。
　(2)　小都市………人口15万人未満の市。
　(3)　町村
4)「学生時代の運動部（クラブ）活動の経験」において，旧制の学校を卒業した者は，下記に相当する者として，該当する番号を○で囲んでください。
　(1)　旧制の中学校は，新制の高校。
　(2)　旧制の高校，師範学校及び専門学校は，新制の大学。
5)　その他については，該当する番号を○で囲んでください。
6)　2回テストをする項目については，そのよい方の記録の左側に○印をつけてください。
7)　総合評価については，該当する記号を○で囲んでください。

No.	氏　名		本人の住所	都道府県
1. 令和　年4月1日現在の年齢		歳	2. 性　別	男　・　女
3. 都市階級区分		1. 大・中都市　　2. 小都市　　3. 町村		
4. 健康状態について	1. 大いに健康　　2. まあ健康　　3. あまり健康でない			
5. 体力について	1. 自信がある　　2. 普通である　　3. 不安がある			
6. スポーツクラブへの所属状況	1. 所属している　　2. 所属していない			
7. 運動・スポーツの実施状況	1. ほとんど毎日（週3〜4日以上）　2. ときどき（週1〜2日程度） 3. ときたま（月1〜3日程度）　　4. しない			
8. 1日の運動・スポーツ実施時間	1. 30分未満　　2. 30分以上1時間未満 3. 1時間以上2時間未満　　4. 2時間以上			
9. 朝食の有無	1. 毎日食べる　　2. 時々欠かす　　3. まったく食べない			
10. 1日の睡眠時間	1. 6時間未満　　2. 6時間以上8時間未満　　3. 8時間以上			
11. 学校時代の運動部 （クラブ）活動の経験	1. 中学校のみ　　2. 高校のみ　　3. 大学のみ　　4. 中学校・高校 5. 高校・大学　　6. 中学校・大学　　7. 中学校・高校・大学　　8. 経験なし			
12. 体　格	1. 身長　　．　cm　　2. 体重　　．　kg			

項　目		記　　　　　　　録		得　点
1. 握　力	右	1回目　　kg	2回目　　kg	
	左	1回目　　kg	2回目　　kg	
	平均		kg	
2. 上体起こし			回	
3. 長座体前屈		1回目　　cm	2回目　　cm	
4. 開眼片足立ち		1回目　　秒	2回目　　秒	
5. 10m障害物歩行		1回目　．　秒	2回目　．　秒	
6. 6分間歩行			m	
得　点　合　計				
総　合　評　価		A　　B　　C　　D　　E		

新体力テスト Q&A

上体起こし

Q 体型によって両肘が両大腿部につかない場合はどうすればよいですか。
A 腹部等がさまたげになって,「両肘と両大腿部がつくまで起こす」ことが困難な場合は,両肘と両大腿部がつくように努力して上体が垂直になるように起こしてください。その際,上体が起きていれば1回とカウントしてかまいません。

Q 体型によって肩甲骨がマットにつかない場合はどうすればよいですか。
A 背中がつけば1回とカウントしてかまいません。

Q 背中(肩甲骨)がマットについた判定が難しい場合はどうすればよいですか。
A 確認しにくい場合は,もう一人の測定者を準備し,一人はマットにつくかどうか,一人は両肘と両大腿部がつくかどうかを判定するなどの工夫をしてください。

Q 補助者の補助の仕方を教えてください。
A 補助者は被測定者の足の上に腰を下ろして,下腿を抱え,膝の角度が変わらないように注意してください(膝の角度は,90度が基本です)。それでも,角度が変わってきたら被測定者に注意を与えてください。膝の関節角度が大きくなると,腰に負担がかかるうえに,上体起こしが実施しにくくなります。

Q 両膝が開き気味になった場合はだめですか。
A しっかり固定して,やり直してください。

Q 膝の角度を90度に保つのはどうしてですか。
A 腰にかかる負担を少なくして,テストによる腰痛の発生を防ぐためです。

Q 上体起こしの回数をはかることによって何がわかりますか。
A このテストは,主として腹筋群の筋力・筋持久力をみるテストです。この部分の筋群の発達状態は腰痛予防にもつながりますので,単に腹部の筋群の筋力・筋持久力をみるだけでなく健康関連体力をみる意味もあります。

Q 上体起こしは,高齢者にとってどんな意味があるテストですか。また,できない場合はどうすればよいですか。
A このテストは筋力・筋持久力をみるものですが,高齢者にとっては,自分の身体をコントロールする能力のひとつ(仰臥姿勢から起き上がれるか否か)をみるテストとしても重要な意味があります。
　また,規定の姿勢で起き上がることが「できる」か「できない」かをみて,「できる」人は何回できるかを調べるものですから,「できない」人に実施させようとしたり,無理

してがんばらせることは避けてください。

長座体前屈

Q 体の大きさ（身長等）が測定値に影響するのではないですか。
A 初期姿勢を0とし，そこからの移動距離を計測するのですから，正しい初期姿勢をとれば，影響はでません。

Q 箱が測定中に横にずれてしまった場合はどうすればよいですか。
A やり直してください。
要項にあるように，箱がスムーズに滑るように床面の状況に気を付けてください。また，ガイドレールを付ける等の工夫をしてください。

Q 足の大きい人は，足先が引っかかってしまうのではないですか。
A 要項にあるように，靴を脱いで実施してください。また，足首は固定しないでください。

Q 頭は壁につけなくてよいのですか。
A 体型・年齢等の関係で難しい場合があります。背筋を伸ばすことが大切です。

Q なぜ親指と他の指で厚紙を挟んではいけないのですか。
A 上肢の筋肉によけいな緊張を起こさせないためです。

Q なぜ立位体前屈でなく，長座体前屈なのですか。
A 立位体前屈と比較して，幅広い年齢層にとって測定上安全であり，また，精神的負担も少ないからです。

Q 高齢者の腰の曲がっている人で壁に背・尻をぴったりとつけることが難しい場合にはどうすればよいですか。
A できる範囲で初期姿勢の規定をとるように指示してください。

開眼片足立ち

Q 足裏が前後方向にずれた場合はどうですか。
A 足裏の前後方向へのずれは左右方向へのずれと異なり，重心のずれによっておこるものであり，問題ありません。基本的には，バランスを保って姿勢を保持しようとする努力がみられれば計時を続けてください。

10m障害物歩行

Q 障害物の素材は，発泡スチロールでなければいけませんか。
A 倒したとき，踏みつけたときの安全性が保てる素材であればかまいません。

Q 大股で歩いてもよいのですか。
A 走ったり,とび越したりしなければかまいません。

新体力テスト ―有意義な活用のために―

MEXT 2-9905

平成12年4月10日	初版発行
令和6年4月20日	19版発行

著作権所有　文　部　科　学　省

発　行　所　株式会社 ぎょうせい

〒136-8575　東京都江東区新木場1-18-11
URL：https://gyosei.jp

フリーコール　0120-953-431

ぎょうせい　お問い合わせ　検索　https://gyosei.jp/inquiry/

＜検印省略＞

印刷／ぎょうせいデジタル株式会社
乱丁・落丁本はお取り替えいたします。
©2000 Printed in Japan.　禁無断転載・複製
ISBN978-4-324-06135-0 (5105910-00-000) [略号：新体力テスト]